Ernst Enderis

Versuch einer Formenlehre der oskischen Sprache

mit den oskischen Inschrifte und Glossar

Ernst Enderis

Versuch einer Formenlehre der oskischen Sprache
mit den oskischen Inschrifte und Glossar

ISBN/EAN: 9783741158162

Hergestellt in Europa, USA, Kanada, Australien, Japan

Cover: Foto ©Andreas Hilbeck / pixelio.de

Manufactured and distributed by brebook publishing software (www.brebook.com)

Ernst Enderis

Versuch einer Formenlehre der oskischen Sprache

Versuch

einer

Formenlehre der oskischen Sprache

mit den oskischen

Inschriften und Glossar.

Von

Ernst Enderis.

Zürich,
in Commission bei S. Höhr.
1871.

Seinem hochverehrten Onkel

Herrn Professor Dr. Albert Ott

gewidmet

vom

Verfasser.

Schriftprobe und oskisches Alphabet.

a b g d e v z h i k l
𐌀 𐌁 𐌂 𐌃 𐌄 𐌅 𐌆 𐌇 𐌉 𐌊 𐌋

m n p r s t u f ú
𐌌 𐌍 𐌐 𐌓 𐌔 𐌕 𐌖 𐌚 𐌞

Inhalt.

Seite

Formenlehre I
  A. Stammbildung.
    I. Bildung der verbalstämme.
      §. 1. Primitive verba II
      §. 2. Abgeleitete verba III
      §. 3. Zusammengesetzte verba VII
    II. Bildung der nominalstämme.
      §. 4. Die wurzel als nominalstamm VIII
      §. 5. Vokalische suffixe IX
      §. 6. Suffixe mit dentalen XIII
      §. 7. Suffixe mit ursprünglichem S XVII
      §. 8. Suffixe mit N XVIII
      §. 9. Suffixe mit M XXI
      §. 10. Suffixe mit R und L; K; P XXII
      §. 11. Zusammengesetzte nomina XXIV
      §. 12. Pronominalstämme XXV
  B. Wortbildung.
    I. Conjugation XXVI
      §. 13. Die personalendungen XXVII
      §. 14. Modusbildung XXXI
      §. 15. Tempusbildung XXXIII
        I. Tempora imperfecta XXXIII
        II. Tempora perfecta XXXVIII
      §. 16. Paradigma der a-conjugation XLIV
    II. Deklination XLVI
      §. 17. Deklination der a-stämme XLVII
      §. 18. Deklination der a-stämme LVII
      §. 19. Deklination der i-stämme LXI
      §. 20. Deklination der u-stämme LXIII
      §. 21. Deklination der conson. stämme . . . LXIV
      §. 22. Pronominale deklination LXVII
      §. 23. Paradigmata zur nominalen deklination . . LXX
Die oskischen sprachdenkmale 1
Glossar 51
    Schriftprobe und oskisches alphabet 87

Vorbemerkung.

Die litteratur des osk. dialektes hat in neuerer zeit wesentliche bereicherung erhalten durch Dr. H. Bruppacher, Versuch einer lautlere der oskischen sprache. Zürich, bei S. Höhr. 1869. (s. anzeige von Schweizer-Sidler in der Zeitschr. f. vgl. Sprachf. bd. XIX, heft III.; Curtius, Studien z. gr. u. lat. Gram. bd. II, s. 439; Corssen, Aussprache II. 1015 u. s. o.), ferner durch die 2. Aufl. von W. Corssen, Aussprache, Vokalismus und Betonung der lateinischen Sprache, bd. II. 1870. — Die übrige hier in betracht kommende litteratur findet man angegeben in Brupp. lautl. §. 1. beizufügen ist noch Fabretti, Corpus inscriptionum Italicarum et glossarium Italicum. Aug. Taurin. 1867. und von älteren schriften: L. Lange, die osk. Inschrift der tab. Bantina u. d. roem. Volksgerichte 1853; Kirchhoff, das Stadtrecht v. Bantia 1853; J. Friedländer, die osk. Münzen 1850; endlich, als erste publication der osk. inschriften, Lepsius, Inscriptiones Umbricae et Oscae quotquot adhuc repertae sunt omnes. Lipsiae 1841. Die grossen inschriften und einige der kleineren nebst einem facsimile der t. Agn. sind ebenfalls abgedruckt in F. Rabasté, de la langue osque d'après les inscriptions et de ses rapports avec le latin. Rennes, 1863.

Im texte der inschriften wolle man folgende versehen berichtigen:
in I. z. 1. lies bùrtìn *statt* hortin; z. 15. pìíhìúí *st.* pìíbiuí.
in II. z. 20. lies sakaraklels *st.* saraklels; z. 58. -níìà *st.* -uíìà.
in III. z. 3. lies kensuùr *st.* kensutùr.
in LI. v. 6. lies patlàns *st.* patlans.

Formenlehre.

Die formenlehre (morphologie) zeigt, wie wortstämme aus wurzeln oder andern stämmen gebildet, wie diese stämme zu wirklichen wörtern werden; jenes geschieht durch ansetzung von stammbildungssuffixen (wo nicht die einfache wurzel zugleich als wortstamm dient), dieses durch antritt der wortbildungssuffixe, d. h. der conjugations- und deklinationsendungen. erst durch antritt dieser endungen wird der wortstamm zu einer verbal- oder nominalform; der stamm an und für sich ist in den indoeuropäischen sprachen weder verbum noch nomen, er ist überhaupt, eben so wol wie die wurzel, kein wort, d. h. kein lautgebilde, das in jenen sprachen gesprochen wird oder einmal gesprochen wurde; stämme wie wurzeln sind blosz erzeugnisse wiszenschaftlicher abstraction. diesz gilt wenigstens für die historisch erkennbare entwickelungsstufe der indoeur. sprachen. (vgl. jedoch über die 'realität der stämme' *Curtius, Erläuter.* 2. *Aufl* s 49.) wenn oft zumal in den jüngern zweigen unserer sprachfamilie die nackten stämme scheinbar die function von wörtern übernehmen, so hat in allen solchen fällen (ausgenommen sind vocativformen) das betreffende wort seine endung in folge eines secundären lautvorganges eingebüszt.

Die formenlehre zerfällt in zwei hauptteile: stammbildung und wortbildung; jene handelt von der formation der verbal- und nominalstämme, diese von der bildung der verba und nomina d. h. von der conjugation und deklination. die wenigen reste, die uns vom oskischen in seinen sprachdenkmälern überkommen sind, erlauben natürlich nicht von der formenlehre dieses dialektes ein auch nur annähernd vollständiges bild zu entwerfen. so weit das material aber ausreicht, soll es im folgenden versucht werden mit steter beziehung auf die nächst verwandten sprachen: das lateinische und umbrische. an's oskische schliesst sich der sabellische, an's umbrische der volskische, an's lateinische der faliskische dialekt enge an; diese drei dialekte sind nur in ganz geringen trümmern erhalten; immerhin werden die aus ihnen vorliegenden sprachformen gelegentlich auch zur erläuterung dienen können. es ist interessant und lehrreich einer solchen betrachtung die überreste eines dialektes zu unterziehen, welcher neben dem lateinischen idiom, erst ihm ebenbürtig, dann immer mehr zurückweichend und der stärkern schwester den platz räumend, durch jahrhunderte von einem groszen teil der einwohner des alten Italiens gesprochen und geschrieben worden ist. (*s. Bruppacher, Lautlere, §. 1.*).

A. Stammbildung.

I. Bildung der verbalstämme.

§. 1. Primitive verba.

Es soll hier nicht von der formation der wurzeln gehandelt werden, diese werden als gegebenes vorausgesetzt; die veränderungen aber, welche primitive verba bei bildung der tempusstämme in ihren wurzeln durch steigerung, schwächung oder erweiterung derselben erleiden, werden im abschnitte von der conjugation zur sprache kommen. doch mag es hier am ort sein eine zusammenstellung aller primitiven verbalstämme zu geben, von denen verbalformen in den osk. inschriften vorkommen.

Die einfache nicht gesteigerte wurzel fungiert zugleich als verbalstamm:

ac-: ac-tud, ac-um, *kux-ax-sir*; = *umbr.* ac-: ah-tud (agito). *lat.* ag-e-re

ben-: kúm-ben-ed, úm-bn-at, ce-bn-ust; = *umbr.* ben-: ben-ust (venerit), *lat.* ven-i-re

em-: pert-em-est, pert-ém-ust, per-em-ust, pert-um-um. = *umbr.* em-: emantur (emantur), *lat.* em-e-re.

es-: s-u-m, is-t, s-et, es-tud, -s-t-d, -s-e-t, ez-um, prae-s-entid;
= umbr. rolsk. es-: es-tu (esto), lat. es-so.
fac-: fac-tud, fac-us, prae-fuc-us, fe-fāc-id, fe-fāc-ust; umbr.
fak-: fak-ust (fecerit). rolsk. fac-: fas-ia (faciat), lat. fac-o-re.
fu-: fu-id, fu-fans, fa-sid, fu-st; umbr. fu-: fu-st u. a. lat. fu-:
altl. fu-am, fui, von ital. √fu, skr. bhū (werden, sein).
lam-: lam-atir (von skr. √klamy)
ser-: a-ser-um, lat. ser-e-re.
sta-: sta-it, sta-iet, sta-tōv, ce-sti-nt; = umbr. stah-: stah-itu
(stato), rolsk. sta-: sta-tom, lat. sta-re.
vin,c-: vinc-ter; = lat. vinc-e-re.
ur: ur-ust (von skr. √var).
si(n): pos-si-to-, lat. po-si-to-.
Gesteigerte wurzel haben:
deic-: deic-ans, dīc-ust, dek-um; = umbr. deik-: dei-tu (dicito),
altlat. deic-e-re.
ei-, ē-: amfr-ē-t; umbr. ē-: ē-tu (ito), altlat. ei-re'
screif-: scrif-tas; = umbr. screih-, skrēh-: screih-tor, skreh-to,
lat. scrīh-e-re.
Reduplicierte wurzel hat:
de-de-: di-do-st, de-d-ēt, de-d-ar; = umbr. de-r, de-rs: ders-tu
(dedito), rolsk. de-d- (lat. dare). cgl. lat. si-ste-re, ste-t-i,
sabell. so-sta-tiens (statuerunt) rolsk. si-stia-tiens.

Eine durch nasalierung verstärkte wurzel weisen die formen
angit, angetuzet auf; vielleicht ist √ang eine nebenform zu
√ng, ac, wie lat. tangere neben te-ti-gi, in-teg-er, umbr.
an-tag-ro- steht, während in iungere u. a. der nasal in alle
tempusstämme eingedrungen ist. — über andere primitive ver-
balstämme (wurzeln), die oskischen nominal- und verbalbildungen
zu grunde liegen, von denen aber verbalformen in den inschriften
nicht vorkommen, vergleiche man das glossar.

§ 2. Abgeleitete verba.

Häufiger als die primitiven kommen die abgeleiteten verba
in den inschriften vor und zwar sind unter denselben die verba
der ā-, der lat. sog. 1. conjugation, weitaus am zalreichsten
vertreten; die meisten davon sind denominativa. solche denomi-
native verbalstämme sind:

a l k d - ā - : aikilū-fēd, wahrscheinlich von einem nominalst. aikdo-.
  s. glossar.
a r a k - ā - : trib-arakā-ttius, trib-arakū-ttuset, trib-arakā-vum,
  vom nom.-st. arc- in *lat.* arca, arx. arcere.
d e i v - ā - : deivā-id, deivā-tud, deivū-st, deivū-tus, vom nom.-st.
  deivo-, *lat.* deivo-, dīvo-, *umbr.* dio-.
d i k - ā - : da-dika-tted. *volsk.* (de-)dc-ā-: dedca(t; = dedicat, *lat.*
  (de-,dic-ā- vom nom.-st. diko-, dico- in *lat.* causā-dicus a. a.
f a a m - ā - : faama-t, v. nom.-st. *ital.* *fama- (s. gloss.)
m a n - ā - : sa-manu-flod, ā-mana-fed, vom nom.-st. *ital.* ma-nu-.
  vgl. *lat.* ad-mini-culum von *ad-min-ā-re.
m o l t - ā - : molta-um, von nom.-st. *osk.* *lat.* mol-ta-, mul-ta-,
  umbr. mo-ta-, *lat.* multare.
p a t e n s - ā - : pateus-ins, vom nom.-st. *osk.* *lat.* pat-enti- (partic.
  praes. v. pat-ere).
p r ū f - ā - : prūfa-tted, prufa-ted, prūf-fed, prūfattens, prūf-tu,
  vom nom.-st. *osk.* *umbr.* prufo-, *lat.* probo-. probare.
s a k a r - ā - : sakarā-ter, vom nom.-st. sakaro-, *umbr.* sak-ro-, *lat.*
  sac-ro-. sacrare.
t e r e m n - ā - : teremna-ttens, teremua-tu, *umbr.* termn-ā-: termna-s
  (terminatus), vom nom.-st. ter-r-men-, *umbr.* *lat.* tor-men-.
  termiuare.
a n - ā - : uuna-ted, vom nom.-st. *ital.* u-no-. unare.
d p s - ā - : ups-ed, uupe-eus, σκ·σ-ενς, ūps-a-num; *lat.* operare
  v. nom.-st. op-(e)s-, *lat.* op-er-.
s a k - ū - : saka-h-iter, von √sak- in *lat.* sancire, *umbr.* sakro-
  u. a. *nom.-st* sanco- in Sancus.
t a d - ā - : tadu-it (etymologie dunkel).
c e n s - ā - : censa-mur, censa-zet, censa-um = censere, von *skr.*
  √çans (ansagen, anzeigen).
  Das vorhandensein einer reihe von verba der ā-conjugation,
von denen formen nicht erhalten sind, können wir aus abgeleiteten nomina erschliessen. den nominalformen amiricātud, embrātur,
ligātūts, medicātinom, Pakalātūi, preivātud, regāturei, senāteis,
tristaamentud, fruktātiuf, veitura (= plaustrum *bei Festus*) liegen die verbalstämme zu grunde: (a-)miric-ā-, (em-)br-ā-, lig-ā-,
medic-ā-, pukal-ā-, preiv-ā-, reg-ā-, sen-ā-, trist-ā-, frukt-ā-, vei-ā,
vielleicht auch alaf-ā- von Alafiterna, entsprechend dem *lat.* verba:

mercari, imperare, legare, poculari, privare, testari, viare, von den osk.-lat. nominalstämmen: merc- (iu merx), parо- (opi-paru-s), lēg- (lex), osk. med-deik- (μεδδεΐξ), poculo-, preivo-, reg- (rex), sen-(san-is), testi-, fruktu-, via-, osk. umbr. alfo-, lat. albo-, brat-om, brat-eis gehört schwerlich hieher. s. glossar. einige von den hier zuletzt aufgeführten verbalstämmen mögen als verba frühzeitig aus dem gebrauch gekommen sein, wie z. b. *senā-um (*sonare), andere haben vielleicht auch niemals als wirkliche verbalformen bestanden, so dasz nomina wie Alafaterna nur nach analogie ähnlich gebildeter wörter entstanden sind: von der wurzal kann man immerhin annehmen, dasz sie als wirkliche verba fungiert haben.

Das resultat obiger zusammenstellung ist folgendes: 16 verbalstämme der ā- flat. 1.) conjugation sind durch verbalformen der inschriften bezeugt, 12 sind aus abgeleiteten nomina erschloszen worden; von jenen sind 7, von diesen ebenfalls 7 auch im latein. als verba der ā-conj. gebräuchlich, 3 finden sich hier in einer andern conjugationsklasse (arcēre, censēre, sancīre neben arakīvum, censaum, *sak?-um), 4 weitere können auch im lat. aus nominalformen erschloszen und als einst im gebrauch betrachtet werden. auf 28 verbalstämme der ā-conjugation fallen also 18 lateinische stämme derselben conjugation, die jenen genau entsprechen, 3 folgen einer andern conjugationsklasse; nur für 7 finden sich im lat. die entsprechenden formen nicht. aber auch diese 7 verbalstämme — aikdā-, deivā-, pentensā-, medikā-, fruktā-, faamā-, tadā-, — haben die ihnen zu grunde liegenden nominalstämme mit dem lat. gemein, mit ausnahme von medikā-, aikdā- und des unklaren tadā-. in der formation der abgeleiteten verba der ā-conjugation herrscht mithin zwischen der osk. und lat. sprache vollständige übereinstimmung, die sich auch darin betätigt, dasz im osk., so weit wir seinen sprachschatz beurteilen können, die ā-conjugation der ē- und ī-conjugation gegenüber so überaus häufig vertreten ist und dasz sie überwiegend demonstrativa enthält; ein sicheres beispiel für ein causatives ē-verbum im osk. ist nicht nachgewiesen. auch das umbrische bildet auf dieselbe weise zahlreiche denominative der ā-conjugation wie z. b. portā-, tripursā-, pru-sec̨a-, termnā- u. a. die andern dialekte bieten nur vereinzelte beispiele; aber das *sabell.* aviatas (circumvectae) und amatens (für *amatafens*), das *volsk.* dudca (dedicat) beweisen, dasz ihnen dieselbe formation von abgeleiteten verba der ā-conjugation eignete.

Entgegen der bisherigen ansicht, dasz die abgeleiteten verba auf -ā- ebenso wie die auf -ē- und -ī- (lat. 2. u. 4. conj.) durch das suffix -aia- (-aja-) gebildet seien, läszt sie Corssen *(Aussprache II. 732 ff.)* durch antritt von suffix -ā- entstehen, das zunächst an feminine nominalstämme auf -ā- trat und mit deren stammauslaut -ā zu -ā- verschmolz, nach welcher analogie dann auch denominative von anders auslautenden nominalstämmen sich bildeten. den antritt eines solchen ā beweisen die umbrischen formen sub-ocā-u, stah-u = *lat.* subvoco, sto; dieses u ist aus ō getrübt, das ō aber durch steigerung aus urspr. ā hervorgegangen wie leg-ō aus urspr. *leg-ā-, *leg-á-. so wäre demnach multāt zusammengezogen aus *multā-á-t vom denominativen verbalstamme *multā-á, der vom femin. nominalstamm multā abgeleitet ist. — Mit dem suffix -aja- (-ain-) sind abgeleitet die verba der lat. 2. und 4. conjugationsklasse, indem dieses suffix durch *-ai-, *-ei- einerseits zu ē, andererseits zu ī contrahiert wurde. die grundformen von mon-ē-t, aud-ī-t sind *mon-aja-ti, *aud-aja-ti; vgl. *skr.* bodh-aya-ti, causativ der √budh (wiszen), *gr.* φορ-έω (mit abgeworfener endung -τι)- und ersatzdehnung) = *skr.* bhār-áya-ti neben dem stammverbum φέρ-ω = bhár-a-ti.

Verba der ē-conjugation sind im oskischen:

hĕr-ē-: her-i-iad, her-ĭ-st, herr-ins = *umbr.* her-i-; her-ī-st *sabell.* hir-ē-: hirētom von √har (nehmen).

lik-ē-: likī-tud, licī-tud, λειχ-ειr = *lat.* lic-ē-ri r. √lik, urspr. rik (sich ausdehnen).

hăp-ē-: hap-ī-est (inschriftlich hafiert), = *umbr.* hub-ē-: hapo-tu, *lat.* hab-ē-re. dieses verbum hat nur für die tempora imperfecta die form eines abgeleiteten angenommen. *vgl.* §. 15.

fat-ē-: fat-ī-um = fat-ē-ri vom nominalst. *fat- in *gr.* φά-τ-ι-; von √fa, *skr.* bhā (glänzen, offenbaren).

von einem causativem verbalstamm *gen-ē- ist Genetai gebildet von √ga-n, *skr.* ja-n. — von diesen 5 für's oskische nachweisbaren verbalstämmen auf -ē- sind 4 von verbalwurzeln, nur

— VII —

einer von einem nominalstamm abgeleitet, auch im lateinischen sind die causativa am zahlreichsten in der 2. conjugationsklasse.

Für die ī-conjugation findet sich ein einziges beispiel, nämlich pút-i-ad, put-i-ans vom verbalst. pút-ī- = lat. pot-i-ri vom nom.-st. poti-s, skr. patis (herr) von √pā (schützen), vgl. umbr. persuí-mu (precator), vom verbalst. pors,k|oi-. ein denominativer ī-stamm ligt zu grunde in καπιδίτωμ: kapid-ī- vom nom.-st. lat. capid- (capis). — die u-conjugation, die im latein. ganz verloren gegangen ist, hat sich osk. in einem beispiel auf der ältesten inschrift (XXXV. von Anzi) erhalten: Fολλōϝ-ωμ (extruere, formell = vallare). das einstige vorhandensein einer u-conjugation im latein. beweisen formen wie: aegrotus, Nodotus, custo(d)s u. a. — von einem u-stamm oi-tu-, der mit -ā- weitergebildet in osk. sabell. citus (pecunia, von √ci, i) vorligt, ist abgeleitet das verbum eituns (eunt); verbalst. citu-a- ist vom nom.-st. citu- gerade so gebildet wie lat. statu-e-re, acu-e-re mit urspr. verbalst. statu-a, acu-a- von den nom.-st. statu-, acu-, deren auslautendes u dabei zu ou, ū gesteigert wurde. es ist dasselbe stammbildende suffix a, das oben bei der ā-conjugation zur sprache gekommen ist.

Eine inchoativbildung ligt vor in comparascuster. verbalst. ist (com-)parasc- für *park-sk-, derselbe stamm, der dem lat. poscere zu grunde ligt, von √park (s. gloss.) er ist auch enthalten in dem nomen osk. pes-tlom, umbr. pers-klum, sabell. pesc-o (templum) und in dem oben angeführten umbr. denominativ pers-nimu.

§ 3. Zusammengesetzte verba.

Zusammensetzung von verben mit praepositionen und formpartikeln ist im oskischen ebenso gebräuchlich wie im lateinischen. folgende formen sind durch die inschriften belegt:

mit a (= ab): a-ser-um, aa-manaffed, a-manafed.
    dát (= de): dá-dikatted (mit schwund des t vor d).
    ē (= ē, ex): ee-stint.
    kúm, com (= cum, con-): kúm-bened, com-parascuster.
    por (= per): per-emerit.
    pert (= trans, per-): pert-emest, pertenust, pertumum.

pro, pru (= pro): pru-hipust, pru-hipid.
op (= obj: ùm-bn-et.
amfr- (= amfr- von amb(i)-): amfr-é-t vgl. *lat.* amfr-actus.
ce-: ce-bn-ust. vgl. *lat.* cette für *ce-dite, *ce-date.
por- (*lat.* por-, zu *osk.* port): pos-st-ist (positum est) wie *lat.* po-situs für *por-situs.

Die für das lateinische so charakteristische durch zurücktreten des hochtones veranlasste schwächung des wurzelvokals findet auch im oskischen statt; ja dieses geht noch um einen schritt weiter, indem es mehrfach den geschwächten vokal ganz schwinden lässt, so in ùm-bn-et, ce-bn-ust pos-st-ist; neben *lat.* extant steht *osk.* ee-stI-nt; pru-hipid, pruhipust stimmt mit *lat.* prohibuerit. allein eben so wenig wie das lat. hat das osk. diese schwächung überall und consequent durchgeführt; sie ist selbst unterblieben, wo das lat. sie eintreten liesz: aa-man-affed neben *lat.* ad-min-iculum, pert-em-est neben *lat.* per-imet. die formen ùmbnet, cebnust weisen darauf hin, dasz das e in kùmbened kurz gemessen werden musz, sonst liesz sich der schwund des wurzelvokals in jenen formen nicht erklären. entweder ist die steigerung des e, die im *lat.* convenit stattgefunden hat, in kùmbened ganz unterblieben oder der ursprünglich gesteigerte vokal hat sich später wieder gekürzt.

Uneigentliche (lose) zusammensetzung von verba mit substantiva ligt vor in λιοκ-αυιιρ, trib-arakattins, trib-arakattuset, trib-arakavum (s. *glossar.*) die accusative *λιοκ-οψ, *trib-om haben vor dem vokalischen anlaut des folgenden wortes ihre endung fallen lassen, wie im lat. animadvertere, ven-dere, ven-ire für animum advertere, venum dare, venum ire geschrieben wird.

II. Bildung der nominalstämme.

§ 4. Die wurzel als nominalstamm.

Wie die einfache (nicht gesteigerte oder gesteigerte) wurzel als verbalstamm so kann sie auch als nominalstamm fungieren. in *osk.* Diùv-el, Iùv-eis, *lat.* Jov-is, *umbr.* Iuv, Iuve-(pater) ist die gesteigerte √djov-, jov- zugleich nominalst. ebenso wie *gr.*√ δjεv-, διϝ- in Zεύς, ΔιϝóϚ (vgl. *skr.*√ dyāu- im nom. dyāu-s mit zweiter steigerung) von der nicht gesteigerten √dju, div (leuchten) ebenso ist in osk. lig-ud, lig-is (lege, legibus), *sabell. lix* (leges) die einfache nicht gesteigerte √lig- zugleich nominalstamm, während das entsprechende *lat.* nomen lex, lēg-s mit gesteigertem vokal aus urspr. √lēg gebildet ist.

die meisten nomina aber sind aus wurzeln und (primitiven oder abgeleiteten) verbalstämmen vermittelst primärer suffixe, aus abgeleiteten nominalstämmen vermittelst secundärer suffixe abgeleitet.

Anm. im engern sinn heissen die suffixe nur dann primär, wenn sie unmittelbar an eine nicht abgeleitete wurzelform treten. — die selben suffixe werden in der regel primär und secundär verwandt.

Um einen einblick in die nominalbildung des osk. zu gewinnen, folgt nun eine zusammenstellung der für's osk. belegten suffixe; die anordnung derselben ist nach ihrem lautlichen hauptelement erfolgt. bei der dürftigkeit des inschriftlichen materials ligt es auf der hand, dass von vielen suffixen, die im osk. gewiss eben so wol wie im lat. und den verwandten dialekten vorgekommen sind, beispiele nicht vorliegen.

§ 5. Vokalische suffixe.

1) **suffix urspr. masc. -a, femin. -ā;** lat. masc. fem. und neutra auf -o (-u) und masc. auf -a, feminina auf -ā (sog. 1. und 2. lat. deklination). das fem suff. -ā ist durch steigerung aus -a differenziert. die osk. form des suff. ist masc. neutr. -o oft wie lat getrübt zu u, fem. -ā, auslautend meist zu ŏ geschwächt. urspr. masc. -a ist erhalten in *Maρ-a-ς*, *Tan-a-s*, *Kal-a-ς*, *Santi-a*. vgl. *altl.* parricid-a-s, hosti-cap-a-s. o-stämme mit primärem suffix sind:

masc. dol-o-: dolud,	*lat.* dol-o-.
loig-o-: leigúss,	(col-lēg-a).
-kūn-o-: lúvfrikūnúss,	-gen-o-.
felh-o-: felhúss,	āc-o-.
neutr. tēr-o-: terúm,	(terra).
com-on-o-: comonom,	(comitia).
adj. mal-o-: malud,	malo-.

— X —

adj. s i p - o -: sipus,   *altl.* sibus, *rdsk.* sepu.

petor-o-: petiro-pert, *lat.* quatuor, *umbr.* petur, *rdsk.* cetur mit abgefallenem stammauslaut; derselbe ist erhalten in *lat.* quatr-ā-ginta. — mit prim. suffix-ā sind gebildet die feminina:

sbst. ap-a: aapas.   *lat.* aqua?
   as-a: asai, aram,   ar-a, *umbr.* asa.
   diump-a: diumpais,   lumph-a
   vi-a: vi-ú,   vi-a, *umbr.* ve-a. vi-a
adj. deiv-a: deivai,   deiv-o-, *umbr.* di-o-.
   sa-kup-a: sakupam,   (vgl. hosticap-a-s).

Secundär ist suff. -ā- in:

sbst. ol-a: úlam,   *altl.* aula.
   flos-a: flusai,   *lat.* flor-a.
   ej-tu-a: eituam   *sab.* eituam (pecuniam) vgl. ferner *umbr.* prute (probe), vinu (vinum), Sanko- (Sancus), *sab.* pis piam), *rdsk.* pihum (pium). vinu (vino).

Das suffix-o- (urspr. -ā) bildet an verbalstämme tretend den osk. infinitiv. derartige verbalsubstantiva im accusativ sind: ac-um, de¡k-um, ez-um, censā-um, moltā-um, tribarakā-r-um, fati-um, *πολλάτ-ιον*, aser-um, pertum-um. *vgl. §. 77. 2.* diese dem *lat.* fremde infinitivbildung eignet auch den verwandten ital. dialekten, wie *umbr.* a-fer-um, a-fer-om (circum-ferre) er-u, er-om (esse), *rdsk.* fer-om bezeugen. im *sabell.* ligt kein beispiel vor. — über die trübung des suff.-o zu -u, die kürzung von -ā zu -a und -o (a) vgl die o- und ā-deklination. — analoge bildungen in den indoeur. sprachen sind *skr.* çiv-a-, *fem.* çiv-ā (glücklich), *gr.* φόρ-ο-ς, φορ-ά, *got.* vulf-a-, gib-ā- (wolf, gabe).

2) suffix u erscheint primär, mit andern suffixen weitergebildet, in: es-u-s, ess-u-s von √es (esse) und in tac-u-sium (in ordine) von √tac, *gr.* ταγ- (in τάξις u. a.), mit demselben prim. suff. u sind gebildet *rdsk.* asif, *sab.* asum (aram) v. st as-u-, *sab.* aisos (gen. sg gebet) v. st ais-u-, *lat.* pec-u = *umbr.* pequ-u = *got.* faih-u   *skr.* paç-ú; *gr.* τόκ-ι-ς; — *skr.* āç-ú-.

3) suffix urspr. -ja-. seine italische form ist masc. neutr. -io-, fem. -ia-: besonders secundär ist es häufig im gebrauch,

namentlich dient es zur bildung von gentilnamen. -io- wird im osk. wie auch teilweise im altl. und in den verwandten dialekten oft contrahiert und gekürzt, ja es verschwindet in einzelnen fällen ganz. über die verschiedenen gestaltungen, die es bei diesem schwindungsprocess annimmt, vgl. die deklination der o-stämme, woselbst auch alle daduin gehörenden formen zusammengestellt sind.
— nominalstämme mit primärem suff. -io-, -iä- sind:

    sbst. neutr. m o m n - i o - : mem[n]-i-m (monumentum).
        m e d i c - i o : medic-i-m für *medic-io-m.
    adj. m e f - i o - : mefiai (medixe).
        d i u v - i o - : diuvia : iovia).
        ú i u - i o - : úiu-í-m (universorum).
  häufiger secundär:
    sbst. masc. k ù m - b e n - n - i o - : kúmbennieis (conventus).
        t e r e m e n n - i o - : teremenniú (terminalia).
    st. neutr. *m e d d i c t - i o - : meddixud (magistratus)
    st. fem. ú i t e l - i ú - : Viteliú (Italia).
        ú i t t - i o - : úittiúm (usum).
        a k u d u n n - i ú : Akuduuniad, *vgl. umbr.* Aker-un-ia, Aquilonia.
    adj. d e k e t a s - i o - : deketasiúi, degetas-iú-s.
        d e k m a n n - i o - : dekmann-iú-is.
durch °-ja zu -la assimiliert ist -ia in adj. fem. allo = alia. weitergebildet ist -io- in: úitt-iu-f, tribarakk-in-f, fruktat-iu-f, wo überall das o zu u sich getrübt hat. vielleicht gehört hieher das nicht genügend erklärte d e k v - i - a r i m (docialom?) — gentilicia auf -io- sind:
        h e r e n n - i o - : Herenniú (Herennius).
        m a - i o - : Maiiúi (Maio).
        t i i a t - i o - : Tiiatium (Teatiorum) u. a.
        a i s e r n - i o : Aiserníu (Aiserniorum).
vgl. zu diesen formen auf -io- die *umbr.* stämme: se-men-io- (semestris), tertio- (tertio-), plenasio- (plenario-), Nonia, Petron-ia, Pro-part-io- (Propert-io-), Pomper-ia- (Pompil-io-), Sanç-io- u. a. *sub* Coric Iovia. oraio *(ald. sq.), rudst* cn-vehr-iu (conventu), *falisk* Marc-io, Marc-ia. Volt-io und mit verdunkelung des i zu e Veein-eo-, Iun-eo (Iunius).
  Indem das suff. -io- an verbalstämme auf n und t tritt, ent-

steht der ausgang -āio-, -ēio-, der als einheitliches suffix aufgefasst auch an nominalstämme gefügt wird. oft ist -ēio- durch unähnlichung des ersten vokals an i aus -āio- entstanden, wie *lat.* An-eiu-s neben An-niu-s, *sabell.* Anxxion (Annaeorum), *lat.* Pompēiu-s, Pomp-ēi-anu-s neben *osk.* Pùmp-āii-an-s beweist. -ēio- wird seinerseits zu -iio- geschwächt in dem *osk.* adj.-st. k e r r - ī i o -, fem. k e r r - ī i ā -, der einem *lat.* *cer-er-ēio- entsprechen würde. -iio- d. i. -io- zeigt der adj.-st. i o v - ī o - ; Iūv-iīa neben *lat. umbr.* iov-Io-. im *lat.* ist aus -āio- einerseits -ēio- geworden, indem sich das a dem i teilweise assimilierto; andererseits -aeo-, indem das i dem a äulich wurde; den übergang von -aio- zu -aeo- bildet -aio- in *osk.* V e s u l l i - a ì - s (V e s u l l i n e u s) . die form -aeo- ist vielleicht zu erkennen in v a l · a e - n u o m (optimum); s. *glossar.* beispiele für suff. -āio- sind: M e l i l e s a i i [s] (Melissaeus), weitergebildet mit suff. -ēio- : M a r - ā i i - ē ì s (Maraēius), und mit -āno-: B o v - a i - ā n u d (B o v i a n o) , M a i - a i - a v a [s] (Meiaianae) und das schon erwähnte P ù m p - a i i - a n a. *lat.* Boviano neben *osk.* Hovaiānud zeigt, wie das suff. -ai(o)- durch -ej-, -ļj-, -ij- zu ī,i sich verdünnen konnte. — mit -eio- sind gebildet: v e r - ē i i a - ī, v e r - ē i ā - s (civitati, -is), V i l i n ē i s , A l l ē ì s (Aieius), K o r r ā ī ŋ ī s (i. e. kott*l*ētis, Cottēi). das *umbr.* hat suffix -ēio- in pernaio- (antieus), postnaio- (posticus), kupifi-aio-; -eio- in Mu s - e i - a t e , K u r - e i - a t e vgl. *provinc. lat.* An-aiu, An-ai-enus und Sabineiius, Opetreiis, Velleius neben Acc-aeu-s, Terr-aeus u. a.

Ursprüngliches -ja- ist endlich zu erkennen in dem secundären fem. suffix -ī- von f u u - t r - e ī , f u - t r - e ī (genetrici), das in der formation dem *skr.* fem. d ā - t r - ī - (aus *da-tr-ya) genau entspricht; vgl. *gr.* fem. δότειρα aus *δοτερ-ja neben masc. δοτηρ, *skr.* d a t ā r -. im *lat.* ist dieses -ī- durch suff. -c- weitergebildet in genetrīx u. a. — das hier behandelte suff. -ja- erscheint in den indoeur. sprachen häufig, z. b. *skr.* mádh-ya- = *gr.* μέσσο-, μέσο- (aus *μέθ-jo-) = *lat.* med-io- = *got.* mid-ja-, *ahd.* milti.

4) Suffix urspr. -va. italisch lautet es masc. neutr. -vo, -uo, fem. -vā, -uā und mit schwächung des auslautes -vi, -ui. primär steht es in *osk.* u r u v ù, vgl. *altl.* urvom = curvum; ferner in K a p - v [ù] (Capua), -vi- in ce-v-s (ci-vi-s); secundär in σερυ?ω-μ. mit -io- weitergebildet ist es in O h t a v i s (Octavius), H e l l s - v - i [i] s (Helvius), K a l u - v - ī s (Cal-v-iu-s), S a l a - v - s

(Sal-v-iu-s), vgl. *umbr. lat.* sal-vo-, *umbr.* se-vo für *ser-vo = skr. sar-va (all, ganz). im lat. kommt das suff. häufig vor, primär in arduus, pelvis, equus, equa = skr. aç-va-, aç-vā = gr. ἵππος (aus ῖκϝος), secundär in patruus u. a. im osk. hat sich, so weit die beispiele reichen, das v immer gehalten, auch in fällen, wo es sich lat. zu u auflöste, wie z. b. in Kapv[u] neben *lat.* Capua. das suff. -vo-, -uo- bildet den übergang zu den consonantischen suffixen.

§. 6. Suffixe mit dentalen.

1) **suffix urspr. -ta-,** *ital.* -to-, *fem.* -tā-. primär bildet es substantiva:

masc. hor-to-: hùrz (für *hùrt-s), *lat.* hor-to-.
masc. ma-to-: Maatùis (Matuinis).
fem. mol-ta, mul-ta-: molto, moltam, multas, moltas. *umbr.* mo-ta, mu-tu, *lat.* multa.
fem. tov-tu-, tou-ta-: τωFτο, touto, toutam, toutad, sabell. tou-ta, to-ta, *umbr.* tu-ta. to-ta, rolsk. to-ta.

am häufigsten wird das suffix -to- zur bildung der passiven participia praeterita verwandt:
sêh-to-: saah-túm, *lat.* sa(n)c-to-.
stā-to-: statús, Austerstatal, pas-stata, *lat.* sta-to-, vgl. Anti-stia, *umbr.* Pre-sta-te, rolsk. sti-to-in.
scrīf-to-: scriftas, *umbr.* screih-to-, screh-to-, *lat.* scrip-to-, altl. screip-to.
miricā-to-: amiricatud, *lat.* *immercato.
deiva-to-: deivatus (iurati).

substantivisch sind gebraucht:
preivā-to-: preivatud, *lat.* priva-to-.
medicā-to-: medicatud (magistrata).
ligā-to-: ligatùis, *lat.* lēga-to-.
cena-to- (für cens-ā-to-): censtom, an-censto; vgl. *lat.* censor für *censtor.
brā-to-: embratur, *lat.* parato-.
kapidī-to-: κακιδιτομ.
genē-to-: Genetai, vgl. *lat.* Monē-ta.
vgl. dazu *umbr.* prinuvātus (privatis), prusehtu (prosecta), frehto

(fricto) u a., *sabell.* aviātas (circumvectae), hirĕtum (concupitum); *falisk.* conceptum (conceptum), loferta (libertā).

Weiterbildungen von participialstämmen auf -to- sind: deketasiui, degetasis, degetasius; aittiuf, medicatinom. s. *glossar.* von gesteigerter wurzelform ist gebildet: Stua-t-ii-s, Stā-t-ie, Στάττιες, stā-ti-f. zwiefach ist das suff. -t(o)-enthalten in: fruk-t-ā-t-iuf von einem denom. *fruktā-um und dieses vom part.-st. fruk-to-, *lat.* fruc-tu- v. √ frug. *lat.* fru-i. einem vorangehenden k nach ausstoszung des thematischen ā ist -t(o)- assimiliert in trib-arak-k-iuf vom part.-st. *trib-arak-ā-to- dieselbe assimilation trat ein in facus, praefucus (factus, praefectus) mit verlust des assimilierten consonanten. durch assimilation ist ferner dieses -t- zu n geworden in kùm-ben-n-icis vom part.-st. *ben-to-, *lat.* ven-to- (venire), und in verbindung mit folgendem i ist es durch assibilation in s verwandelt in meddixud aus *med-dic-t-io-; -ti- wurde durch *-tj-, *-sj- zu -s- wie *lat.* Bantia zu *osk.* Bansa.

Secundär ist suffix -to- in tristanmentud (testamento) s. § 9. 2. die selbe participialbildung mit suff. urspr. -ti- weisen die verwandten sprachen auf, vgl. *gr.* στα-τό-, κλυ-τό- = *skr.* sthi-tā- (stehend), ҫru-tā- (v. √ҫru hören). das *deutsche* bildet damit die part. praet. seiner schwachen verba, z. b. *got.* sati-daṫisko-da-, ṫhaṫsi-ta-, *nhd.* ge-setz-t, ge-fisch-t, ge-ducht-t von satjan, tiskon, thagkjan.

Eine weitere function des suff. -to- urspr. -ta- besteht in der bildung von superlativen, denen die ordinalzalen auf -to- sich anschlieszen. *osk.* Πομπτιες, Pūn-t-ii-s ist mit suff. -io- weitergebildet aus pomp-to-, pon-to- = *lat.* quin(c)-to-; ebenso *osk.* Σεσ-τ-ι-ς aus ses-to- = *lat.* sex-to-, *gr.* ἕκ-το-, *got.* saihs-ta-, *skr.* shash-thá-. eine weiterbildung ist das superl.-suff. urspr. -ta-ma-, *lat.* -tumo-, -timo- und daraus -sumo-, -simo-; in der letztern gestalt ligt es vor in *osk.* ne-simu-m (proximum), *umbr.* nesimei (*adv.* proximo).

2) suffix -tāti-, -tāt-, wol eine erweiterung vom obigen -ta-, erscheint secundär in *osk.* Her-en-tatei, Herontateis (Veneri-is) aus *her-ent-tati- wie *lat.* vol-un-tati- aus *vol-unt-tati-.

3) suffix tu, im *lat.* sehr häufig (victus, aestus) kommt in den osk. inschriften nur einmal primär mit fem.-suff. -a erweitert

vor im nom.-st. ei-tu-a: eituam, eitiuvad, *sabell.* eituam, gebildet von √i, ei (gehen) wie *lat.* sta-tu-a von √sta (stehen). s. §. 2 und 5. 1.

4) suffix ti-, primär in pon-t-tra-m. vgl. *lat.* pon-ti-s, in Μαντο-r-ιυo, Μαντοτινωrp neben *osk. sabell.* Mamers v. st. ma-mer-ti-, und in piis-t-iai neben *gr.* πίσ-τ-ιο-ς v. st. πίσ-τι-, √πιθ, *lat.* fid-; secundär in lii-mi-t-û[m] v. st. *osk. lat.* li-mi-t-. in allen diesen beispielen ist -ti- vor dem folgenden vokal zu -tverkürzt worden. secundäres ti (t) ist auch in der endung des part. praes. -enti(ent). s. §. 8. 7. — indem suffix -ti- an den auslaut von verba der a-conj. tritt, entsteht der ausgang -äti-, der dann als einheitliches suff. verwandt wird: Luvkan-ateis und weitergebildet in Tii-at-iûm (Teatinorum), Kal-at-ī[n ū m] (Calatinorum). vor der casusendung m ist -ti- von -äti- geschwunden in Velliūm (Velliūtem). vgl. *umbr.* Mar-te (Marte), Punçate (Punici), Tarsin-atem (Tarinatem) u. a. — suff. -ti- ist im indoeurop. häufig z. b. *skr.* pá-ti- (herr) = *gr.* πό-σι-ς, *lat.* poti- (in compos u. a), *got.* kno-di- (geschlecht) neben *skr.* jnā-ti- (m. verwandter).

5) suffix urspr. -tar-, *ital.* -ter-, -tr- bildet im indoeurop. verwandtschaftsnamen: *ital.* pater, mater, *falisk.* mate, *osk.* paterei, matreis (patri, matrei), *sab.* patres (patries = *skr.* pi-tár-, mā-tár-, *gr.* πα-τέρ-, μή-τερ-, *got.* fa-dar, *ahd* mua-tar: vgl. *umbr. lat.* fruter. weitergebildet ist -tr-i- in fa-tr-ei. s. suff. ja, §. 4 8. urspr. -tar- ist italisch gesteigert zu -t-r- (vgl. *skr. nom.* dā-tā, *acc.* dā-tar-am von thema dā-tr geber) und dieses -tér- trübt sich *osk.* meist zu -tūr-; für den nom. sing. darf man vielleicht auch schon dem *lat.* -tur analog kürzung zu -tr annehmen. a hat sich gehalten in dem *altosk.* Γεραόθει und in keuzsúr (aus *kens-tor); sonst ist es, schon im altosk. der tab. Agn, zu u getrübt: regatureí, ferner keenzstur, kvaisstur, censtur, umbratur, denen *lat.* censor (aus *censtor) quaistor, imperator und *umbr.* questur, arfertur (*adfertor) entsprechen.

6) suffix urspr. -tara-, *ital.* -tero-, -tro-, -ter-, fem. -tera, trā- dient zu comparativbildungen. primär steht es in: po-tero-s poturus-pid u. a. vgl. *lat.* (c)u-tro-.
al-tro-: altrei, altram u. a. *lat.* al-tro-.

con-tro-: contrūd, vgl. *lat.* contrā.
eh-trā-: ehträd, *lat.* extrā.
*te-tro-: tedur, vgl. *skr.* ta-tra (dort).
pru-ter-: pruter-pan, vgl. *gr.* πρό-τερο-ν.
an-ter, *umbr.* an-ter, ander, *lat.* in-ter,
en-tro-: En-tra-ì, vgl. *lat.* intrā von *in-tero-.
vgl. umbr. pre-tro- (anterior), huntro- (ulter), hondra (infra), des-
tro- (dextero-), über die wandelungen des o in suff. -tero- von
po-tero- s. *Brupp. lautl.* §. 21. — mit einem zweiten com-
parativsuffix weitergebildet ist -tero- in pùs-tir-is (pos-ter-ius)
für *post-ter-is. secundär ist -tro, -trā in min-s-treis, mi-
s-treis, formell = min-is-tri, und pùn-t-tra-m (pontem).
zu potero- vergleiche man noch *skr.* ka-tarā-, *got.* hva-thara-;
zu anter *skr.* án-tara- (*adj.* ander), *got* un-dar, *gr.* ἔν-
τερο- in τὰ ἔντερα. im *skr.* und *gr.* wird -tara-, -τερο- bekannt-
lich zur comparation der adjectiva verwandt: çuchitara- (çuchi
rein), σοφώτερο-. mit compar. -tro- gebildet ist auch *volsk.* Ve-
lestrom (Veliternorum), ēsaristrom (opfer).

Aus -taru- sind durch erweichung des r zu l die ital. suffix-
formen -tolo-, -tulo-, -tilo-, -tlo- entstanden. die letztere form be-
wahrt *osk.* pes-tlù-m, mit schwund des t pees-l[ù-m] (tem-
plum), und Fistlos, Fistlúis neben Fistel[ùis?] mit e wie
gr. Φιστλία. der ausfall des vokals in diesem suffix ist dem *osk.*
eigentümlich und findet nur im *gr.* κύ-κλο-ν, Θύσ-θλο-ν und im
got. nê-thla, *ahd.* nâ-dla (nadel) eine analogie. vgl. *altl.* Lautolae,
Titoliai neben titulus u. a. — das suff. urspr. -tara- wird abge-
leitet von einer √tar (durchdringen).

7) suffix -tru-, durch trübung aus -tro- entstanden, fin-
det sich primär im *st.* cas-tru-: cas-trou-s, cas-trid; im
genit. ist vor der endung steigerung eingetreten eben so wie im
umbr. kastruv-uf (acc. pl.). vgl *lat.* formationen wie toni-tru-s,
Quinquatrus, urspr. quinquatro-.

8) suffixe mit d. suffix -do- ist mit -io- weitergebildet in
Pupi-d-ii-s = *lat.* Popi-d-iu-s, und mit ausfall des stamm-
auslautes Pup-d-ii-s, ebenso Muak-d-ii-s = *lat.* Maci-d-
iu-s. — voraufgehendem n ist d von -do- assimiliert im verbal-
adj. ùpsā-n-na-m = operā-n-da-m. vgl. *umbr.* peihäner (piandi),
anferener (*auferendi) nach umbr. orthographie für *peihanner,

*anferennar d. h. *peihander, *anferender. — ein aus -do- abgeschwächtes suffix -di- (vgl. *lat.* viridis neben viridus) ligt zu grunde der form Hĕr-ē-n-n-io (Herennius) vom abst.-st. hĕr-ē-di- in *lat.* hera(d)s *s. glossar*; d wurde dem folgenden n assimiliert. — das suff. -do-, -di- wird zu *skr.*√dhā (facere) gestellt.

§ 7. Suffixe mit ursprünglichem S.

1) Suffix urspr. as, *lat.* -os, -us, -es, -er n. n. gesteigert -ōs, ōr. von diesem im *lat.* weit verzweigten suffix lassen sich für's osk. nur wenige spuren nachweisen. zu s geklürzt erscheint dasselbe primär in ù p-s-ànnam   *lat.* op-er-audam von *osk. lat. st.* op-es-, jünger *lat.* op-er- neben op-us, *altl.* op-os = *skr.* áp-as (*neutr.* werk); ferner in Vez-kei d. i. *vet-s-kei vom st. osk. lat.* vet-os-, jünger *lat.* vet-er- neben nom. vetus, *altl.* *vet-os = *skr.* *vat-as, *gr.* Fέτ-ος, Fέτ-εσ- im genit. Fέτ-ε(σ)-ος — ἔτος. — zu r erweicht und mit geschwundenem vokal steht diesz suffix in Kerrí (Cereri) vom st. ker-r für *ker-er-, ker-es-, *lat.* cer-er- im gen. Cereris, aber im nom. noch mit urspr. s Cer-es, vgl. Cerrinus für *Cer-er-inus neben Cer-er-inus. vom abst.-st. ker-r ist adj.-st. ker-r-rio abgeleitet, *s. § 5. 3. und gloss.* — s als rest des gesteigerten masc. suff. -ō-s, dessen vokal nach dem wurzelvokal schwand, ist in Fluu-s-ai Fiuu-s-asials zu erkennen; im *lat.* ist das s in r übergegangen: Flora von flō-s, *gen.* flo-ris.

Hieher gehört auch das zusammengesetzte suffix -or-no-, dessen erster bestandteil (-ōs, -ēs-) -er- mit -no- erweitert wurde; -erno- wurde dann aber als einheitliches suffix betrachtet und als solches gebraucht: Alafat-ornom, Kupelt-ernum, und mit -io- weitergebildet: Ais-orn-i-m.

2) suffix -äsi-, -asio- und -s-io- entsprechen *lat.* -ari-, -ar-io-, -s-io-. sie treten secundär an nominalstämme an, -äsi- mit leiser trübung des i zu 1 in mólt-asi-kád (multaticiū), mit -io- erweitert in dekel-asiù, degel-as-iù-s, degel-as-i-s, Vereh-as-iùl und im adj.-st. flu-s-asio-: finusasials, der einem *lat.* *flor-ar-io- entsprechen würde. ohne weiterbildung durch -io- erscheint derselbe stamm in *sab.* Flusāre (Florali), wo indeszen das s bereits wie im *lat.* zu r erweicht ist. analoge formationen sind *umbr.* plan-asio- (plen-ario-), sestent-

— XVIII —

asio (sextant-ario-), urn-asia (urnarium), schmeni-ari- (semestris), im letzten beispiel mit erweichung des s zu r wie im lat. — suffix -isio- hat das anlautende i ausgestoszen in Nium-s-ie-is, Nium-s-i-s neben lat. Nium-is-iu-s wie Car-isiu-s, Pap-isiu-s u. a. s ist in r übergegangen und i hat sich vor diesem r zu e verdunkelt in der jüngern form Nium-er-ii-s = lat. *Num-er-iu-s.

3) Comparativsuffix urspr. *-jans, ital. masc. -ius, -ior, neutr. -ius; i-ns, -iēs, -is, -s nur in den abgestompften formen -is, -s kann dieses suffix in einigen adverbialen comparativformen nachgewiesen werden, primär in ma-is = got. ma-is, lat. mag-is, mit superl.-suff. -mo- weiter gebildet in ma-i-mas (maximae); ohne zweifel auch in min-(s) = got. min-s, lat. min-us für *min-jus, *min-ius. doch ist zu bemerken, dasz nach 'min' der t. b. kein buchstabe ausgefallen zu sein scheint mit einem zweiten comparativsuffix weiter gebildet ist -(i)s in min-s-treis, mi-s-trois, formell = lat. min-is-tri. s §. 6. 6. analog gebildet ist umbr. me-s-tru (major), formell = lat. magis-ter. dieselbe bildung ligt vor in volsk. esar-is-tro-m (opfer) und in den namensformen oskischen Ursprungs Mu-es-tr-iu-s, Mes-tr-iu-s, in welchen das doppelsuff. -is-tro- durch -io- erweitert ist und welche einem lat. *Mag-is-tr-iu-s entsprechen würden. diese beiden comparativsuffixe erscheinen in umgekehrter folge in pùstiris (posterius), das also zusammengesetzt ist aus den elementen pùst- + -ter(o)- + -i(u)s. comparatives s ist wol erhalten in az (ad) d. h. *at-s zu skr. ati (über). secundär ist -is im adv. for-t-is (forte) und in pom-t-is (? s. glossar), wo -is dem lat. -iens, -iēs der zaladverbien (quinqu-iens u. a.) entsprechen würde. das besprochene suffix dient im skr. wie im gr. und lat. zur comparation von adjectiven: skr. lágh-i-yams (lagh-ú- leicht) = gr. ἐλάσσων für *ἐ-λάχ-jον- (von ἐ-λαχ-ύ-ς) = lat. lev-ior für *legv-ios vom at. le(g)vi-. das urspr. s hat sich auch zwischen vokalen noch erhalten in altlat. mel-ios-em, maiios-em.

§. 8. Suffixe mit N.

1) Suffix urspr. -na-, ital. -no-, fem. -nā, primär in Pernai, Piisnaiu, umbr. fesna (fanum); dù-nù-m, volsk. du-nom, umbr. runum, sab. duno(m), lat. donum, skr. dá-na-m

ferner in amnúd. in Pernal, amnúd ist -no- an die praep. per-, am- (aus amfi, *lat.* ambi-) getreten, wie in *lat.* pro-nu-s, po-ne (für pos(t)-ne), super-nu-s u. a. *umbr.* per-ne, post-ne -no- an die praepositionen und ortsadverbien pro, post, super, por gefügt wurde. — secundär ist -no- in: *Ἡρακλ-πο-ς*, Perke-n-s, Kupelter-num, Alafater-num (s. §. 7. 1.) und mit -io- erweitert in Heren-n-iu, Heireu-n-i-s (s. §. 6. 8), Aisern-i-m (s. §. 7. 1.). — durch antritt an den themaauslaut ā und ê abgeleiteter verba entstand der ausgang -āno-, -ēno-, der im sprachbewusstsein als einheitliches suffix aufgefasst und verwandt wurde, wie ein änlicher vorgang in diesem abschnitt schon mehrmals nachgewiesen worden ist. solche bildungen sind: Pùmpaii-ān-s, Aadir-ān-s, Bùvai-ānud, *Μεται-ανα[ς]* (s. §. 5. 9), Ti-anud, Stafi-anam, und weitergebildet in Luvk-anateis (s. §. 6. 4) und dekm-ānn-iùis, wo das gedoppelte n, bloss geschärfte aussprache bezeichnend, etymologisch ohne bedeutung ist. mit ēno- ist gebildet Nuers-ēn-s, vgl. lat. Alfenus, alienus u. a., *umbr.* Treblano-, Sat-ēno-, Tal-ēno-, Tes-ēno- u. a., *volsk.* Taf-ān-ie-s. — das suff. -no- ist in den indoeur. sprachen häufig, z. b. *skr.* pur-nà- = *lat. umbr.* ple-no- (von √par füllen); *gr.* πίκ-νο-ν, *got.* bar-na- (barn kind); im *deutschen* werden die partic. praet. pass. damit gebildet: *got.* baúr-a-na, *nhd.* ge-bor-e-n (von √bar-, *lat.* fer-), wie denn auch pur-nà-, ple-no-, πίκ-νο-ν u. a. participialbildungen sind. als ein solches part. perf. pass. kann man vielleicht das *osk.* carneis (*vgl. glossar*) erklären, dessen stamm, ursprünglich car-nā-, durch abschwächung des a zu i erst in die i-dekl. und weiterhin in die conson. dekl. übergetreten wäre, welch' letzterer auch die *umbr.* formen karne, karnus (abl. sing. plur.) angehören. eine analoge bildung ist *osk.* ak-no-. s. *gloss. unter* akenei.

2) suffix ital. -Ino-, fem. -Inā- bildet im osk. häufig, meist secundär, gentilnamen: *Μαμερ-τ-ινο, Μαμερτινοιμ,* Nuvkrinum, Sidikinud, Tafidīns, Herukinai, Sarinu; vgl *umbr.* Ikuv-Ino- (Iguv-ino-); primär ist es in *Ficinus*, mit -io- erweitert in Safinīm, *Kαλινις*, Sabinis.

3) suffix -ni- ist enthalten in mùl-ni-kad, primär mit -co- weitergebildet; vgl. *lat.* com-mu-ni-s, ig-ni-s = *skr.* ag-ni-; *gr.* μῆ-νι-s u. a.

4) suffix -nu- steht primär in ma-nim, *lat. umbr.* man-a-; im osk. ist das u vor casussuff. -im geschwunden. -nu- kommt in den verwandten sprachen ebenfalls vor, z. b. *skr. got.* su-nu- (sohn von √su), *gr.* λιγ-νύ-ς u. a.

5) suffix urspr. -an-, ital. -ōn-, gesteigert ōn (ōn), geschwächt -ĕn-, -ĭn-. die steigerungsform -ōn- ist osk. stets zu -ūn- getrübt: sverrunei. Απελλ-ουν-ης in der Mamertiner inschrift von Messina beweist, dasz diese trübung schon im ältesten osk. eingetreten war. dieser form entspricht *altlat.* Apollōn-is wie *gr.* Ἀπόλλωνος. vgl. *lat.* patr-ōn-u-s neben Nept-u-u-s, *sab. volsk. umbr.* Ves-ōn-e, *sab.* Vac-ōn-a, *volsk.* Decl-ōn-e, *umbr.* Petrunia = *lat.* Petronia. mit -io- weitergebildet ist das suffix -ōn- in Akud-ŏnn-iu-d, wo das gedoppelte n wiederum nur die geschärfte aussprache andeutet, = *altumbr.* Aker-ŏn-ia, *neuumbr.* Acers-ōn-ia. — die durch *-en- verdünnte form -ĭn- des ursprüngl. suffix -an- steht primär in: tang-in-om (sententiam) und secundär in medicat-in-om (iudicationem). dieser bildung entspricht *lat.* turb-ĭn-e, *sab.* ag-ĭn-e (agonio), Er-in-e (dat. e. gottheit), *umbr.* fer-in-e (abl. von √fer- tragen), tribriç-in-e (trinitāte) neben den nomin. *lat.* turbĭ(n), *umbr.* tribiç-ø(n). diese umbr. form beweist, dasz der nominativ in den ital. dialekten die gesteigerte form -o(u)- hatte ebenso wie das lat. aber während dieses die verstärkte suffixform in vielen fällen durch alle casus beibehielt, ist in den angeführten formen des osk. sab. umbr. der gesteigerte vokal auf den nominativ beschränkt geblieben; die übrigen casus wurden mit der kurzen suffixform gebildet. so steht *lat.* nati-ōn-e neben *umbr.* nat-ĭn-e; in natine wie in medicatinom ist der vokalische auslaut des primären suffix -to- vor dem anlautenden vokal des secundären geschwunden. — suffix -iōn- = *lat.* -iōn- ist enthalten in *osk.* Ahvd-iōn-i, *altn.* Vufione, *neuum.* Vofione.

6) suffix urspr. -ana- ist erhalten in Patanai neben *lat.* patina, wo das a sich zu i verdünnt hat. vgl. bildungen wie *lat.* dom-inu-s = *skr.* dam-ana- (zümend v. √dam); *gr.* ὄργ-ανο-ν. im *griech.* und *deutschen* werden damit infinitive gebildet: *gr.* λι-λοιπ-έναι (fem. locat.); *got.* sit-an, sat-j-an, *nhd* sitz-en, setz-en.

7) Suffix urspr. -ant-, -nt-, ital. -ent-, *-ont-, -ant- dient zur bildung des partic. praes. act. osk. prae-s-ent-i-d = praesente. vgl skr. s-ant-, gr. ὄντ- d. h. *ἐσ-όντ-. geschwunden ist das t vor folgendem -tati- in Her-en-tateis (s. §. 6. 2). das n ist geschwunden in arag-et-ud (arg-ent-o), genau entsprechend skr. raj-at-á- für *raj-ant-á (weinz, n silber), eine weiterbildung des partic.-suff. -ant-, -ent- mit o wie in lat. ungu-ent-o u. a. mit i ist -ent- in praesentid erweitert.

§. 9. Suffixe mit M.

1) Suffix urspr. -ma-, ital. -mo-, fem. -mā ist primär im sbst.-st. eg-ma-: eg-mo (nom. fem.; über die schwächung des a zu o s. deklin. der 5-st.); durch antretende suffixe weitergebildet in Niu-m-s-i-s, Niu-m-er-ii-s neben lat. Nů-ma (s. §. 7. 3). vgl lat. fů-mu-s, = gr. θυμός, skr. dhū-má- (m. rauch, von √dhu bewegen), ahd. tou-m (dunst, dampf). suffix -ma- ist zu -mi- geschwächt in lil-mi-tům -= lat. li-mi-t-em. — ferner wird dieses suffix zu superlativbildungen verwandt, primär in:

pos-mo- für *post-mo-: posmom (postremum).
i-mo-: imād-en, lat. ī-mo- aus infi-mo-.
dek-mo-: dekmanniūis, lat. deci-mo-.

secundär in:
ma-ī-mo-: maimas (maximae. s. §. 7. 3).
val-ae-mo-: valaemom (optimum. s. §. 5. 3).
ne-si-mo-: nesimům (proximorum. s. §. 6. 1).

in ma-ī-mo- für ma-is-mo- ist das superlative -mo- an das compar.-suff. -is getreten. osk. lat. īmo- ist aus infimo- (skr. adh-a-ma-) contrahiert änlich wie lat. brū-ma aus brevi-ma. zu den andern osk. formen vgl umbr. hond-o-mo- (ultimus), so-mo-, lat. sum-mo- für *sup-mo-, pru-mu-m, pro-mu-m aus praep. pro, pru, lat. pri-mum, got. fru-ma-n (erstor); zu dek-mo- == skr. daça-mă- vgl gr. ἕβδο-μο-ς. hicher gehört auch sab. danci-mo-m und falisk. Maxomo (Maxumus).

G) suffix urspr. -mana-, ital. -men- und mit schwund des e -mn-, primär in tere-menn-iū, wo das n wiederum nur wegen seiner geschärften aussprache geminiert wurde. tere-menentspricht *ahd.* ter-men (= terminus) und *gr.* τέρ-μον- (nom. τέρ-μων), *umbr.* ter-mn-es (terminis). mit -to ist das selbe suffix weitergebildet in tristaa-men-tud, *lat.* testi-men-to. die selbe formation weist *skr.* aç-man-ta- (n. ofen) auf neben úç-man- (m. stein, v. √ aç scharf sein) und *ahd.* hliu-mun-da *nhd.* leu-mun-d neben *got.* hliu-man- (m. gehör) von √ hlu, *skr.* çru, *grdf.* ⋆kru hören, wovon *ahd.* hlo-s-ên, *oberd.* lösen.

§. 10. Suffixe mit R und L; K; F.

1) Suffix urspr. -ra-, ital. -ro-, fem. -rā- steht primär im gesteigerten adj.-st. lùvf-ro- = *lat.* libe-ro-; lùvf-re-is, lùvf-rī-kùnùss; sak-ro- (*lat. umbr.* sac-ro-): sakra, σακρο (sacra); weiterbildungen sind: Nuv-k-r-ínum v. st. novi-ko-, novo-; Ad-e-r-ls, Aad-i-r-áns, Aad-i-r-íl-s vom st. *osk. umbr. lat.* at-er, at-ro-; assimiliert ist das r folgendem l in Ab-el-l-ánú-s von Ab-el-la = ⋆ap-er-la, ⋆ap-er-ula von *osk. umbr.* st. ab-ro-, *lat.* ap-ro-. — mit suff. -ro- ist gebildet die formpartikel amf-r(o)- = *umbr.* ambr- in ambretuto (am-beunto), *lat.* anfr- in anfr-actus. amfr-, ambr- ist von amf(i)-, amb(i) abgeleitet wie *lat.* supr- in supremus von sup- (in summo- für ⋆sup-mo-). — vgl. sab. cup-ru-m, kip-e-ru (gut), *lat. umbr.* ag-ro- = *got.* ak-ra-, *gr.* ἀγ-ρό-, *skr.* áj-ra- (m. fläche, flur) von *skr.* √ aj, *grdf.* ag- (gehen, treiben).

2) suffix urspr. -la-, ital. -lo-, fem. -lā ist aus -ra- erweicht: Nùv-l-ano- von ⋆Nùr-la, *lat.* Nola d. i. ⋆Nov-i-la vom adj.-st. *osk. lat.* nov-o-. — -ulo-, -ilo-, -el(o)- = *lat.* -ulo- in Paak-ul (Paculus), Viteliù (Italia), vgl. vit-ulu-s, vit-ula; fam-el = *ahd.* fam-ul; fam-el-o aus ⋆famelja, ⋆famel-ia = *lat.* fam-il-ia, *umbr.* fam-er-ia — -íli- in aid-ílis, aidil = *lat.* aedilis — deminutivformen sind: Nòvellum v. st. nov-o-, Vo-sullials, Bivellis, Asilli — Asillius vom st. asino-. vgl. sab. Regillus, Regillum, *umbr.* seplo- (simpulum), fondlo-, funtlo- (⋆fontulus), angło- (angulus) u. a. — über das zusammengesetzte suff. ku-lo s. d. folg.

3) suffix urspr. -ka-, ital. -ko-, -co-, fem. -kā-, -cā- steht secundär in mùl-n-i-kād, mùlt-as-i-kād (s. §. 8. 3. und §. 7. 3), ferner im adj.-st. tùv-ti-ko-, tou-ti-co- (s.

gloss.), *umbr.* tou-ti-co- to-t-co-: tutoor, touticom, *volsk.* to-ti-cu vom sbst.-st. túv-tā-, toutā, tota (s. §. 6. 1.). vgl. *umbr.* fratre-ko- (*fratrico-) von frater. mit -io- weitergebildet ist -ko- in Vitni-k-i\-s und, primär, in Iùv-k-i\hi v. sbst.-st. Iùv- *lat.* Iu-(piter); s. §. 4. vgl. *umbr.* Kastru-ç-iio-. — das zusammengesetzte suffix -ku-lo-, -cu-lo- dient zur deminutivbildung und steht als einheitliches suff. primär in: [d]ii-kúlú-s, zi-colo-m u. a. von dies, vgl. *lat.* dič-cula; ferner in sakara-klú-m = *sacra-culu-m, Λυσ-κλ-Γνήσμ], Λισ-κλ-ā[num] = Ausculauorum.

4) suffix -ik- ist enthalten secundär in Vez-k-ci, was einem *lat.* *vel-us-ic-i entsprechen würde (s. §. 7. 1.1, vgl. *lat.* senex, frutex frut-ic-is u. a.

5) ein dem oskischen eigentümliches suffix f findet sich secundär in den nominativen der femin. nominalstämme tribarakkiuf, fruktatiuf, últtiuf, aber accus. [ú]ittiùm (s. §. 6. 1. und §. 5. 3.); ferner im sbst. neutr. es-u-f, oss-u-f, eine ánliche bildung wie litauisch es-a-ba (gut; s. gloss.), dieses f ist rest der √ ital. fu, *skr.* bhū, *gr.* φυ- und gleichen ursprungs ist das *lat.* suffix -bo- in mor-bu-s u. a., das *gr.* -φο-, -φ- in θέα-φο-ș, χωρά-φ-ιο-ν u. a.

Die vorstehende zusammenstellung der zur nominalbildung verwandten suffixe, so weit sie durch die vorhandenen sprachüberreste nachgewiesen werden können, lassen erkennen, dass bei der formation von nominalstämmen zwischen dem oskischen einerseits und dem lateinischen und den verwandten dialekten andererseits im grossen und ganzen vollständige übereinstimmung herrscht; auch für die andern sprachen der indoeuropäischen familie, die zur vergleichung beigezogen wurden, das sanskrit, griechische und gotische haben sich meistens die selben suffixe nachweisen lassen. im einzelnen aber weichen die suffixformen des oskischen, bedingt durch die eigentümlichkeiten seiner lauteneigungen, häufig von denjenigen des lateinischen ab: oft werden dort vokale gekürzt und geschwächt oder ganz fallen gelassen, die hier ihren vollen klang bewahrt oder durch steigerung selbst verstärkt haben; hinwiederum wahrt das oskische, namentlich bei den suffixen mit s, vielfach den ursprünglichen laut und weist formen auf, wie sie nur noch im vorklassischen latein vereinzelt vorkommen. häufung der suffixe ist im osk. wie im lat. sehr beliebt. nomina mit zwei und drei stammbildenden suffixen wie: pùmp-aii-an-e, trib-arak-k-iu-f, úit-t-iu-f, her-en-(t)-t-āt-eís, mín-s-tre-ís, mùl-t-así-kú-d, nín-m-s-ie-ís, dek-m-anu-iú-ís u. s. w., die in den vorausgehenden §§. analysiert worden sind, kommen in grosser anzal vor.

§. 11. Zusammengesetzte nomina.

1) Für zusammensetzung von **nominalstämmen** mit **präpositionen** und **formpartikeln** bieten die osk. inschriften folgende beispiele:

mit **a u t e r** (inter): Auterstatai, vgl. *umbr.* Pre-state.
    a n -, a m -, a -, e n - (in-): ancensto, amprufid, embratur, amiricatud.
    a m - für *amf-* (ambi-): amvianud.
    k ù m - (con-): kùmbennieís (conventus).
    p r a e - (prao): praefucus (praefectus).
    sa- (*skr.* sa-): sakupam (conceptam).
    pru- (pro): vielleicht in prupukid?

in praefucus und sacupam ist wurzelhaftes a zu u geschwächt wie in *lat.* aucupis, corrupio neben jüngerem auceps, corripio (*s. Krupp. lautl. §. 5*).

2) Nominalstämme sind mit einander zusammengesetzt in **lúfrí-kúníss**, dem *lat.* *liberi-genos entsprechen würde; von einem mit nominalstamm zusammengesetzten verbum ist abgeleitet **t r i b - a r a k k i u f** (aedificatio); eine zusammensetzung von nominalstamm und verbalwurzel ist med-dís, meddíss, μεδ-δις aus *med-ti-dek-s 'ratsprecher'. über dieses und das unklare ligamakdíkeí *s. glossar*.

3) **Formpartikeln** sind zusammengefügt in **pruter-pan** (priusquam), **am-pert** (intra). enklitisch an das vorausgehende wort (meist pronomen) angelehnt werden die partikeln -port, -pid, -dum, -k, -ee, -c (aus pronominalst. urspr. ka-) und die postposition -**ën** = *lat* in, z. b. petiro-port (quater), vgl. *umbr.* triiu-per, trio-per (ter); pùtùrús-pid (utrique), pokka-pid (quando), pí-dum (quidem), es-i-dum (idem), ius-eu, pieís-um für *ius-dum, *pieís-dum (idem, *cuiusdum), eksu-k (illo-ce), izic (hi-c) u. a.|

vgl. *umbr.* erə-k, erä-k = *osk.* eizn-o, eizi-c, *sab.* esu-c = *osk.* eizu-c, iaf-c (ibi). postpositives -ən steht in iuklen (ab ima), eizu-c-en (ab illo).

§ 12. Pronominalstämme.

Folgende pronominalstämme kommen im osk. teils selbständig teils mit einander zusammengesetzt vor:

1) **demonstr.-st.** i, z. b. l-e-l-du, i-d-i-k, i-d-i-c, *lat.* is, id *(über das enklitische c s. §. 11. 3., über den vokaleinschub von i, i s. Drupp. lautl. s. 57).* erweitert wird dieser stamm in manchen casusformen durch suffix -o-, fem. -ā-, z. b. io-n-c (eum) lu-k (ea) wie im latein, gesteigert zu ei, eī. ē in zusammensetzung, z. b. ei-sa-k, ē-ka.

2) **demonstr.-st.** -so-, fem. -sī, jünger (auf t. B.) -zo, -zī, grdf. sa, nur in zusammensetzung, z. b. ei-su-c-en, ei-zu-c, ei-sā-k, ei-zī-c.

3) **demonstr.-st.** -ko-, fem. -kī, grdf. ka, nur in zusammensetzung, z. b. ē-ka, ē-k-su-c.

4) **demonstr.-st.** grdf. -na-, nur in zusammensetzung in l-nim, ε-νειμ, ει-ν (et), vgl. *umbr.* ei-ne, ē-no-m (et), *lat.* e-nim.

5) **indefin.-st.** pi, grdf. ki, *lat.* qui-, z. h. pis, pid, *lat.* quis, quid.

6) **relativ-st.** po-, fem. pā, *lat.* quo, quā, grdf. ka, z. b. pūs, paam, *lat.* qui, quam, mit demonstr. i erweitert in pa-i, pa-e.

7) **reflexiv- und possessiv-st.** so; *sovo-, suvo-, *lat.* se; sovo-, suvo-, suo-, grdf. sva: sifei (sibi), mit o erweitert in si-o-m (se); posses. suveis, suväd (sui, sun); vgl. *alth.* soveis, sovem, sovo = sui, suum, suo. zu siom vgl. *umbr.* ti-o-m (te).

Diese pronominalstämme geben folgende zusammensetzungen ein:

1) ei (ā) + so (so; fem. sā, zī) z. b. ei-seis, s-ōov.
2) ō + ko (kā), z. b. ē-ka-k (illa).
3) ē + k'o) + so, z. b. ē-k-su-k, exā-c (illo, illa).
4) ē (ci) + no- in inim, ει-νειμ.
5) ē + tanto- in ētanto (tanta).
6) po + ko in pūk-ka-pid für *pod-k.
7) po + ci + zo in poi-zid für *poeizid.
8) po + ollo- in pollad (quacunque).

Anmerkung. Die stämme allo- (alio-) und potero- (utro-) sind bei den nominalsuffixen zur sprache gekommen. eine zusammenstellung aller vorkommenden pronominalformen s. bei der deklination der pronomina.

Als besonders bemerkenswert bei der bildung dieser osk. pronominalstämme ist hervorzuheben erstens der übergang von urspr. k durch *lat.* qu in den p in den relat. u. indef. st. po und pi, die dem *skr.* pron.-st. ka (nom. masc. kas, fem. kā) und ki, dem *lat.* quo-, qui- entsprechen. diesen lautübergang des k durch qu zu p hat das *osk.* pron. gemein mit dem *umbr.* pronom.-st. po-, dessen nom. poe, poi, poei wie das *lat.* qui aus *quoi und das *osk.* fem. pae, paei mit dem demonstr. ī verstärkt wird, das wir auch im *griech.* (οὑτωσί u. a.) treffen. ebenso hat *sabell. volsk.* pis für *lat.* quis. man vergleiche dazu den *griech.* pron.-st. po- in ποῦ, πό-τερο-ς u. a. neben *lat.* (ali-)cubi, (ne-)cu-tro. — zweitens ist dem osk. eigen die zusammensetzung seiner pronominalstämme, eine eigentümlichkeit, die es teilweise wenigstens mit den verwandten dialekten teilt. so hat das *umbr.* wie das *osk.* den demonstr.-st. ē-so-, entsprechend *skr.* e-sha- (nom. m. e-shas. fem. e-shā), ē-no- entsprechend *skr.* e-na, *lat.* oi-no-. u-no-, *got.* ai-n-(s). *sabell.* hat den stamm e-so- erhalten in ē-su-c (hoc), auszerdem ē-ko- im locat. ē-kei, *umbr.* ē-tanto- wie das *osk.* = *skr.* e-tāvant (so grosz, so viel) neben tāvant, *lat.* tantu-. den pron.-st. i hat das *sabell.* erhalten in i-ā-f-c, wie im *osk.* und *lat.* mit o erweitert. der pron.-st. sva endlich ist für das *umbr.* und *volsk.* durch die locativform sve, se aus *osk.* sval = si, für das *sabell.* durch das possessivpronomen suam (suam) bezeugt.

B. Wortbildung.

I. Conjugation.

Der verbalformen weisen die oskischen inschriften verhältnismäszig wenige auf. diesen sprachdenkmälern, welche, so weit sie einen zusammenhängenden inhalt haben, meist aus gesetzesurkunden oder dedicationsinschriften bestehen, eignet eine schlichte ausdrucksweise, die viel abwechselung in der syntaktischen satzfügung nicht duldet. darum besitzen auch die darin vorkommenden verba wenig mannichfaltigkeit in ihren formen. so fehlt das plusquamperfectum gänzlich und vom imperfectum ist eine einzige form des indicativs vorhanden; durchaus lückenhaft bleibt unsere kenntnis von der gestaltung der personalendungen; denn mit ausnahme des einzigen s u m fehlt die 1. und 2. pers. sg. pl. durchweg. von der passivbildung des osk. endlich geben nur einige wenige vereinzelte formen aufschlusz. — das charakteristische merkmal des verbums in den indoeuropäischen sprachen sind die personalenduugen; sie bilden einen wesentlichen bestandteil einer jeden wirklichen verbalform; wo sie fehlen, da ist dieser mangel nicht ursprünglich, sondern folge einer spätern durch lautliche neigungen der betreffenden sprache bedingten einbusze. zunächst sollen nun als dasjenige element, welches allen verbalformen zukommt, die personalendungen, sodann die modus- und tempusbildung behandelt werden.

§. 13. Die personalendungen.

Die älteste gestalt des suffixes der 1. pers sg. act. ist -mi, durch vokalschwächung entstanden aus dem pronominalstamm der 1 pers. m a 'ich': *skr.* ás-mi, *gr.* εἰ-μί; im *lat.* ist -mi bereits abgestumpft zu -m und in dieser form erhalten in den imperfecten und conjunctiven und vereinzelten praesensformen: legebam, legam, inquam. im *osk.* ist nur das eine oben erwähnte s-u-m als beispiel für die 1. pers. erhalten. die endung -m tritt wie im gleichlautenden *lat.* s-u-m und plur. s-u-mus an die √(e·s vermittelst eines hülfsvokals u, der nach analogie des stammauslautes von ŭ-verba (volu-mus) eingeschoben wurde

Die endung der 3. pers. sg. ist im indoeurop. -ti, aus dem demonstr. pronominalst. ta 'er' hervorgegangen wie -mi aus ma: *skr.* ás-ti, *gr.* ἐσ-τί, im ital nur in der verkürzten form -t: *lat. umbr.* es-t, *osk.* ís-t, ebenso *deutsch* is-t. dieses auslautende t hat sich im *osk.* in der regel zu d erweicht; erhalten ist es in folgenden formen: im praes. ind. faama-t und conj. tadai-t beides formen des jüngern osk., und im conj. stai-t (t. Agn.), durch voraufgehendes s geschützt in ls-t und im ausgang -st,

— XXVIII —

-u-st des fut. I. und fut. II. z. b. deiva-st, dide-st; fu-st,
fefac-u-st u. a. ferner steht t im ind. perf. des ältesten osk.:
δεικετ-τ, δικακει-τ, und in dem ebenfalls altosk. δεδε-τ,
ûmbno-t. mit ausnahme dieser vier beispiele hat das ältere sowol wie das jüngere osk. im perf. ind. durchweg d: kúmbene-d
(auf c. Ab.), aamanaffe-d, amanafe-d, aíkdafe-d, dede-d,
prúfatte-d, dadíkatte-d u. a., ebenso im perf. conj. fusi-d
(c. Ab.); hipi-d, pruhipi-d, fefaci-d (t. B.); auch im praes.
conj. hat das jüngere osk. regelmäszig d: deivai-d, fui-d
heriia-d, pùtìa-d (bleipl v. Cap.); doch tadai-t (t. B.). stets
erhalten hat sich t, sobald es nicht im anslaut stand, d. h. in
der passivendung -te-r. s. unten. wir können also annehmen,
dasz das älteste osk. noch regelmäszig t als suffix der 3. p. sg.
hatte, dasz dieses t schon frühzeitig anfieng in d überzugehen
und dasz für das jüngere osk. d die regelmäszige form war. ansätze
zu dieser consonantenerweichung zeigt auch das ältere latein z. b.
fecid, exead neben dedit; dieses t (d) tönte so schwach, dasz es
mitunter ganz abfiel: dedo für dedit; im klass. lat. aber hat sich
t überall wieder hergestellt. abfall dieser endung zeigen auch die
verwandten dialekte, besonders das umbr., welches auslautende
consonanten überhaupt sehr gern schwinden liesz, z. b. façia
(faciat), habe (habet), fuiu (sit), si (sit), fus (fuerit), bēnus (venerit) neben est, fus-t, tiçi-t (decet): ebenso sabell. ai (sit), pedi
(pendat) neben dide-t (dedit), fere-t (fart); volsk. deden (dedicant),
fasia (faciant), atahus (dixerit), falisk. cupa (cubat) neben cupat,
dedet (dedit). die mittelstufe zwischen t und völligem schwund,
d. kennt das umbr. nicht.

Die endung der 3. p. plur. ist urspr. -anti, nach vokalen
-nti, d. h. das sing.-suff. -ti ist durch wahrscheinlich ebenfalls
pronominales -an (-n) verstärkt: skr. s-anti, bhára-nti = dor.
φέρο-ντι; lat. nur in tremo-nti (c. Saliare), sonst ist das i in
ital. sprachgebiet überall geschwunden: lat. s-ont, s-unt = umbr.
s-ont. da die ital. tempusstämme beinahe immer vokalisch auslauten, so hat die endung regelmäszig die kürzere form -nt:
legu-nt; dieses -nt hat das osk. nur in eo-sti-nt (L. Ag.) unversehrt erhalten; überall sonst hat es die endung erleichtert, indem
entweder das n vor t schwand oder das t in s übergieng. die
plur.-endung ist somit osk. teils -t, teils -ns; -t in praes. ind.

am(re-t, s-et u. conj. staie-t (c. Ab.), ferner in -s-e-t, jünger -z-e-t, conj. v. √es im fut. I. und II: consu-zet, ange-tn-zet, tribarakattu-set auf -ns lauten aus die *senosk.* formen praes. ind. eltu-ns, conj. putia-ns, deica-ns und das ältere imperf. ind. fufa-ns, ferner alle perf. ind. u. conj. pruffatie-ns, teremnatte-ns, uupse-ns; patensi-ns, tribarakatti-ns, herri-ns. in dieser erweichung des t zu s erkennt *Brupp.* laNtl. s. 74. mit recht eine nachwirkung des abgefallenen i der urspr. endung -nti, d. h. assibilation von -ti zu -s(i). — abfall des t (s) findet eben so wenig statt als im sing. auch hier zeigen sich die andern ital. dialekte dem verfall mehr unterworfen. das *altl.* weist neben deder-ont formen auf wie ded-r-ot mit ausfall des n wie im osk. s-et, und ded-r-o, dederi mit völligem schwund beider cons. (vgl. *ital.* dièdero, dòttero), und das klass. lat. hat neben der restituierten vollen endung dedê-r-unt die verstümmelte form dedêro. im *umbr.* finden sich formen neben einander wie: s-ent (sunt), furent (fuerint), stahere-n (stabunt); si-ns (sint), dirsa-ns, dirsa-s (dent); benuso, covortuso (venerunt, convertorunt); *volsk.* hat assibilation des t in sistiatie-ns (steterunt) und ebenso *sab.* sestatie-ns, amate-ns.

Vom imperativ ist nur die 3. p. sg. erhalten. grundform der endung ist -tāt(a), d. h. gedoppelte personalendung der entsprechenden person des indic. mit dehnung; der imperativ ist, wie Schleicher treffend bemerkt, die 'vocativische form' des verbums und diese function wird hier eben durch verstärkung der endung angedeutet. die veden haben noch die volle endung -tāt, das gewöhnliche sanskrit aber mit abfall des conson. auslautes und schwächung des ā durch o, u zu u -tu: as-tu, *gr.* noch die ältere gestalt -τω ἴσ-τω wie *lat.* es-to. der ursprünglichen form näher steht das osk., welches den auslautenden consonanten, zu d erweicht, durchweg erhält, dagegen den vokal zu u trübt. beispiele für die ā-conjug. sind deiv-a-tud, für die e-conj. lik-i-tud, jünger lic-i-tud, für die conson. conj. ac-tud, es-tud, fac-tud, denen *lat.* entsprechen lic-ē-to, ag-i-tō, es-tō, fac-i-tō, auch mit kürzung: es-tŏ (caedi-tŏ, da-tŏ u. a.); einmal ist auch im *altl.* der conson. auslaut noch erhalten: fac-i-tud, das in der endung dem osk. fac-tud vollkommen entspricht. das *umbr.* hat überall t d. fallen lassen und u zu u (u) getrübt: sub-ah-tu

(subigito), dei-tu (dicito), ē-tu (i-to), fer-tu (fer-to) u. a.; ebenso
rolsk. ar-pat-i-tu (adpetito), es-tu. vgl. umbr. 3. p. plur. habe-
tu-to (habento), stahi-tu-to (stanto), und 2. p. sg. nara-tu (nar-
rator), habe-tu (habeto).

Im passiv sind nur die endungen der 3. p. sg. des indic.
und imperat. erhalten. sie genügen zum beweis, dasz das osk. für den
ausdruck der medialen (passiven) beziehung das selbe mittel
verwendet hat wie die übrigen italischen sprachen und wie das
keltische und lettoslawische, nämlich die anfügung des reflexiven
pronominalstammes der 3. p. sva in seiner accus.-form. ital. se,
an die personalendungen des activs. im ital. hat, so weit unsere
kunde zurückreicht, der anlaut dieses medialsuffixes -so sich zu
r erweicht, während im litauischen das urspr. s sich hielt, z. b.
vezu-s (vehor) aus *vezu-si. ein beispiel für das alłosk. ist sa-
kah-i-te-r (sanciatur) (t. Ag.), für das neuosk. lama-ti-r,
vinc-te-r = vinc-i-tu-r (t. B.) eine sehr altertümliche bildung
ist comparasc-u-s-te-r (t. B.), ein fut. II pass., die ihre
analogie in den synkopierten alltl. formen des fut. II findet, z. b.
faxi-tu-r aus *fac-si-si-tu-r, ebenso iussi-tu-r, turbassi-tu-r u. a.
= factum iussum turbatum fuerit. sonst ist im osk. wie lat. zur
bildung der passiven tempora perfecta die umschreibung mit √es
gebräuchlich, z. b. prūftuset (probata sunt), pùsst-ist (posi-
tum est) mit enklitischer anlehnung des set, ist, status set
(stati sunt) u. a. — eine umbr. passivform der 3. p. sg. ind. ist her-
te-r; vgl. plur. ema-ntu-r (emantur), terka-ntu-r (tergeantur)
und sab. tere-nte-r (ferentur).

Vor diesem medialsuffix -r (urspr. -se) hat sich die perso-
nalendung urspr. *-ta und plur. *-nta noch in vollerer gestalt
erhalten als im aktiv. ihr vokal erleichterte sich einerseits durch
o zu u, wie im lat. umbr. ema-ntu-r, andererseits zu e wie in
osk. sakara-te-r, sakahi-te-r, comparascus-te-r, umbr.
fer-te-r, sab. fer-e-nte-r, und verdünnte sich zu i im neuosk.
lama-ti-r. der umstand, dasz die drei genannten familien des
indoeur. sprachstammes ihr medium auf die selbe weise, durch
anfügung des refl. pron.-st. *sva, gebildet haben, bezeugt, dasz
diese art der medialbildung sehr alt ist; die erhaltung des vocals
der urspr. personalendungen *-ta, *-nta im ital. ist mit ein
beweis dafür, dasz der ursprung dieser medialformation in eine

— XXXI —

epoche des sprachlebens hinaufreicht, wo jene vollen formen der
personalendungen dem sprachbewusztsein noch gegenwärtig waren.

Eine eigentümliche passivform ist der imperat. 3. sg. pass.
consa-mur (L. D.), ob er mit dem *umbr.* pass. imperativ auf
-mu, plur. mu-mo z. b. in pers-nī-mu, pers-nī-mu-mo zusammen
gestellt werden darf, ist nicht gewiss. Schleicher und Corssen
erkennen in diesem *umbr.* imperativ eine participialform mit
nominalsuffix -mo-.

§. 14. Modusbildung.

Indicativ und imperativ haben keine modusbezeichnung; die
personalendungen treten hier unmittelbar an den tempusstamm
an. wahre modi kennt das indoeuropäische zwei, den conjunc-
tiv und optativ. das moduselement des erstern ist urspr. -a-,
das des zweiten ist urspr. -ja-, meist gesteigert -jā- (von √i
gehen). das *ital.* hat die beiden modi nicht scharf von einander
geschieden, sie vielmehr sowol in bezug auf formation als syn-
taktischen gebrauch mit einander vermengt, so dasz in dem uns
erkennbaren ausgebildeten zustand der ital. sprachen formen, die
von hause aus zwei verschiedenen modi angehörten, sich gegen-
seitig ergänzen und in form und verwendung zu einem modus
— dem conjunctiv — verschmolzen sind; die ursprünglichen
optativformen sind aber vorwiegend.

Von ächten conjunctivformen haben die *osk.* inschriften
nur vier beispiele überliefert, in der conson. conj. deic-a-ns,
lam-a-ti-r, in der I-conj. put-i-a-d, put-i-a-ns, welchen die
lat. conj. dic-a-nt, poti-a-t(ur), poti-a-nt(ur) zur seite stehen. das
a war hier überall ursprünglich lang, vgl. *altl.* fuam, fuās u. s. w.
(= sim, sis), perdūām, creduām, praetereāt, soleāt, loquār, op-
prīmār. zu allen zeiten lang geblieben ist dieses ā in fällen wie
mone-ā-s, mone-ā-ris u. s. *umbr.* conjunctive sind z. b. tor-ā,
dirs-ā-ns (= *ded-a-t, *ded-a-nt d. i. det, dent), terk-a-ntur,
hab-i-a, fac-i-a, vgl. *italien.* faccia. — das ā entstand in diesen
conjunctivformen, indem der moduscharakter -ā- an das anlaut-
ende ĭ der tempusstämme trat, ā + ă verschmolz aber zu ā. die
grdf. von put-l-ā-d z. b. war demnach *pot-aja-a-ti (vgl. § 2.),
plur. *pot-aja-a-nti; in der conson. conj. grdf. von deic-ā-ns:

*deic-a-a-ti v. praesensst. osk. lat. deic-a-. im skr. sind vom conjunctiv nur noch spuren erhalten in einigen imperativformen z. b. bi-bhar-ā-ma, formell = lat. fer-a-mus und gr. φέρ-ω-μεν. die veden besitzen noch conjunctive wie as-a-ti (v. √ as esse), han-a-ti (v. √ han tödten), pat-ā-ti (aus *pat-a-a-ti v. praes.-st. pat-a- v. √ pat fallen', formell = lat. -pet-ā-t. im gr. ist das aus a + a entstandene ā teils zu ω, teils zu η geschwächt: ἐθέλ-ω-μι, ἐθέλ-η-σι. den deutschen sprachen fehlt der conjunctiv.

Zahlreicher vertreten sind die optativformen; für das praesens liegen folgende beispiele vor: A-conj. sg. s a k a h-ī-tor s tā-ī-t (t. Ag.) d e i v ū-ī-d, t a dā-ī-t (t. B.) plur. s tā-iē-t (c. Ab.); ē-conj sg. h e r-ī-iū-d (bī. v. Cap.); u-st. sg. f u-ī-d (sit). das moduselement jā in seiner urspr. gestalt ist demnach nur in einer form des jüngern osk. überliefert. man könnte versucht sein h e r-ii-ā-d zu trennen, so dasz ii blosz den langen thematischen auslaut ī aus urspr. e bezeichnen würde und a der conjunctivcharakter, das wort also eine conjunctiv-, nicht eine optativform wäre. dagegen spricht aber, abgesehen davon, dasz die schreibung ii für ī bedenken erregt, entschieden die umbr. form her-ī-iei, deren ei an stelle des osk. ī den mittellaut zwischen e und ī bezeichnet und die deutlich ein optativ ist für älteres *her-ī-iē(t), *her-iiā-t in der ā-conj. hat das umbr. das moduselement -iā- stets unverkürzt erhalten: a-neri-a-ia (observem), port-ā-ia (portet), e-tā-iā-ns (itent). auszer in h e r i i a d hat das osk. -iā- überall durch gegenseitige anähnlichung von i und a zu -iē- getrübt und in -ī-, -ī- zusammengezogen. zu bemerken ist, dasz s tā-īe-t (plur.) dem sing. s t a-ī-t gegenüber der jüngern inschrift angehört. die grdf. ist sing. *s tā-jā-ti, plur. *stā-jā-nti. diese formen verhalten sich zu einander wie altl. s-iē-m, s-iē-s, s-iē-t zu jüngerm s-ī-m, s-ī-s, s-ī-t, zuletzt mit kürzung s-ī-t, grdf. *as-jā-m u. s. w. vgl. gr. ἰ-ίη-ν aus *ἰσ-ιη-ν, ε-ίε-ν aus *ἰσ-ιε-ν(τ), *ἰσ-jε-ν(τ); skr s-yā-m, s-yā-s, s-yā-t u. s. w. das lat gieng in der contraction noch weiter, indem es aus *stā-iē-t durch *stā-iē-t, *stā-ī-t s t ē t wie altl. dēt, desideret u. st't bildete. osk. fu-ī-d entspricht umbr. fu-ia-(t) und skr. bhu-yā-t (sit) und ist gebildet wie die altl. optative (conjunct.) praes ed-ī-m, ed-ī-t, credu-ī-t, du-ī-t von do-e-re, vel-ī-t u. a. vgl. umbr. s-ī-r (sis), s-i (sit), s-ī-ns (sint), sab. s-i (sit), ped-i (pendat).

Das optativische moduselement des conj. perf. ist stets ī,
ī: *sing.* hip-ī-d, pruhip-ī-d, fefac-ī-d (L B.) *plur.* pa-
tons-ī-ns, tribarakatt-ī-ns (c. Ab.) vgl. *die tempusbildung.*
grdf. von fefucīd z. b. ist: *fe-fāc-iē-t, *fe-fāc-jā-t. vgl. *skr.* opt.
perf. *3. s. act.* çn-çru-yā-t (v. √çru *hören*) und *medium:* va-
vrt-ī-ta (v. √vart *vertere*).

Ein conj. perf. ist ferner fu-sīd, zusammengesetzt aus dem
gesteigerten perfectst. fu(i)- (s. §. 15.) und dem optat. praes. von
√es. -s-ī-d ist mithin das *lat.* s-ī-t, in zusammensetzung -r-ī-t
(*altl.* condide-rīt) mit später kürzung des i. ein optat. plur. von
√os, s-ē-t, ist im zusammengesetzten fut. II. enthalten: tri-
barakatt-u-set, jünger angetu-zet. in s-e-t ist -ie- zu
e contrahiert wie in *lat.* ess-e-nt; grdf. beider sowie des *umbr.*
-r-e-nt in fak-u-rent u. a. ist *es-iē-nt, *as-jā-nt. neben dem conj.
perf. fu-s-ī-d steht das fut. II. fu-s-t; so differenzierte hier das
osk. durch ausstossung des moduscharakters den conj. perf. und
das fut. II., wofür das *lat.* nur eine form fuerīt besitzt. die grdf.
aller drei ist: *fui-s-iē-t. mit (f)ust, *plur.* (f)uset bildet das
osk. sein fut. II., mit der synkopierten form von *s-ī-t (woraus
-s-ī-d), st, im *sing.* und mit *s-ē-t im *plur.* sein fut. I. z. b.
hīp-ust, tribarakatt-nšet; deivā-st, censā-zet *s. folg.*
§. vgl. *umbr.* futur. I. fere-st (faret), stabe-rent (stabunt); fut.
II. fak-ust, fak-urent.

Zur vergleichung mit den im obigen erläuterten *ital.* optativ-
formen kann man auch das *deutsche* beiziehen:

got. opt. praes. s.		*opt. praet. s.*	
rinnau	*aus* *rinn-a-jā-m,	runnjau	*aus* *runn-jā-m,
rinnais	*rinn-a-ji-s,	runneis	*runn-ji-s,
rinnai *u. s. w.*	*rinn-a-ji-th.	runni *u. s. w.*	*runn-ji-th.

§. 15. Tempusbildung.

I. Tempora imperfecta.

Praesensstamm. die reine einfache verbalwurzel kann im
italischen wie in den verwandten sprachen zugleich als praesens-
stamm fungieren. im *osk.* liegen dafür folgende beispiele vor:
praesensst. n √es in es-tud, is-t, s-u-m, s-et, *infin.* ez-
u-m. in ez-um tritt das nominalsuffix -um, in is-t, s-et, es-tud

die personalendung unmittelbar an den conson. wurzelauslaut an, wie in *lat.* es-t, s-unt, es-to, es-ne, *umbr.* es-t, s-ent, er-om für *es-om, in *gr.* ἐσ-τί, εἰ-σί für *ἐσ-ντί, *skr.* ás-ti, s-ánti u. s. w. *osk.* s-u-m schiebt wie *lat.* s-u-m, s-u-mus zwischen personalendung und wurzel einen hülfsvokal ein, der dem in manchen praesensformen (z. b. vol-a-mus) auftretenden -a- (suffix urspr. -i- des praes.-st.) nachgebildet ist. dasz dieses u in s-u-m, s-u-mus nur ein hülfs- oder bindevokal, nicht das stammbildende suffix -a- ist, erweisen die entsprechenden formen des *gr.* und *skr.* εἰμί für *ἐσ-μί, ἐσ-μέν; ás-mi, s-mas. — als praesensstamm dient ferner √fu: fu-1-d, fu-fans; das optativzeichen -i- und der imperfectausgang -fans treten hier unmittelbar an die reine nicht gesteigerte wurzelform; in *umbr.* fut. I. fu-i-est dagegen und *aeol.* φυ-ί-ω ist der praesensst. aus der √fu-, φυ- durch i erweitert. vgl. *skr.* bháv-ayā-mi. — hieher gehört ferner √sta: stā-i-t, stā-ïē-t; ce-stī-nt; in letzterer form ist der wurzelvokal ā in folge vorschiebung des hochtones auf die praeposition re I verdünnt (aber *lat.* extā-nt); in den beiden optativformen musz man wol gesteigerten wurzelvokal annehmen, worauf sowol die im *lat.* stā-re gebräuchliche steigerung der praesensformen hinweist als auch die *umbr.* schreibweisen stah-i-tu, stah-i-tuto, stah-e-ren, d. i. stā-i-tu u. s. w. vom erweiterten tempusst. stā-i- von √sta. zu vergleichen sind auch die gesteigerten praesensformen dieser √ im *gr.* und *skr.*: *altl.* stō, stā-s, stā-t, stā-mus, stā-tis, stā-nt; *gr.* ἵ-στη-μι, ἵ-στη-ς, ἵ-στη-σι, aber ἵ-στα-μεν u. s. w. *skr.* ti-shthā-mi *neben* ti-shthā-si, ti-shthā-ti u. s. w. — gesteigerter wurzelvokal erscheint in *osk.* amfr-ē-t von √ē, getrübt aus ei, steigerungsform von √i (gehen); vgl. *umbr.* ē-tu (ito), *altl.* ei-s, ei-t, ei-mus, ei-tis, *impt.* ab-ei. die personalendung -(n)t tritt in amfr-ē-t unmittelbar wie in ce-stī-nt, ex-sta-nt an den wurzelvokal an.

Ein reduplicierter praesensstamm ligt vor in fut. di-di-d-e-st, von √da, mit schwächung des wurzelhaften a zu e. *umbr.* entspricht te-r-, *neus.* ders- für *de-da- z. b. in ter-tu = di-re-tu, in *skr.* und *gr.* bildet dieselbe √ ebenfalls einen reduplicierten praesensst. mit steigerung des Vokals im sing. δί-δω-μι, δί-δω-ς, δί-δω-σι, aber δί-δο-μεν u. s. w. *skr.* dá-dā-mi, dá-dā-si, dá-dā-ti, aber da-d-más; *lat.* dō, dā-s, dā-t, aber dá-mus; das *lat.* hat die reduplicationssilbe eingebüszt.

Die grosze mehrzal der primitiven verba im *lat.* bildet den praesensstamm dadurch, dasz an den verbalst. das suffix urspr. -a- tritt. diese bildungsweise hat das italische mit den verwandten sprachen gemein. so bildet das *skr.* von √bhar den praesensst. bhar-a-: bhár-a-si, bhár-a-ti (fers, fert), ebenso von √budh (wiszen) mit gunierung des √ vokals bodh-a-: bódh-a-ti. in den 1. personen wird dieser bildungsvokal gesteigert z. b. bhód-ā-mi, bhár-ā-mi (fero). wärend im *skr.* dieses a (ā) sich immer rein und voll erhält, ist es im *gr.* und *lat.* nur in geschwächter gestalt bekannt. das gesteigerte ā ist zu o (ἄγ-ω, ag-ō), ā aber teils zu o, teils zu e geschwächt. auf dieser stufe der schwächung hat das *gr.* sich gehalten: ἄγ-ο-μεν, ἄγ-ε-τε, λέγ-ου-σι für *λέγ-ο-ντι; das *lat.* aber gieng noch weiter und verdunkelte ŏ zu ŭ, verdünnte ŏ zu ĭ: ag-i-mus neben vol-u-mus, ag-i-tis, ag-u-nt neben älterem trem-o-nti, viv-o-nt, conflov-o-nt, conflu-o-nt, ru-o-nt u. a.; e hielt sich nur vor r: ag-e-ris, ag-e-re. in vereinzelten fällen stöszt das *lat.* den bildungsvokal -i- (urspr. -a-) ganz aus: vul-t, for-s, fer-t, *grdf.* und *skr.* bhár-a-si, bhár-a-ti. was im *lat.* nur ausnahme bleibt, wird im *osk.*, wenn nicht überall, so doch vor gewiszen endungen zur regel. das stammbildungssuffix urspr. a ist hier geschwunden vor der endung der 3. p. sg. (und wol auch plur.) des impert. und des ind. pass.: ac-tud = *lat.* ag-i-to, vinc-ter = *lat.* vinc-i-tur. vgl. *umbr.* ah-tu (agito), di-ra-tu (dato), ses-tu (sistito), reves-tu (revisito) u a. in fac-tud musz man wegen *lat.* fac-io schwund von urspr. -ja- annehmen. wir hätten demnach in osk. fac-tud ein beispiel für einen praesensst. mit suffix -ja-, wie im *skr.* z. b. von √nah (nectere) ein praesensst. nah-ya- (3. s. náh-ya-ti) gebildet wird, im *gr.* ein praes.-st. φαινε- für *φαν-je u. ä. häufig. in *osk.* vinc-ter aber haben wir ein beispiel für die im *lat.* so beliebte verstärkung des praes.-st. durch eingeschobenen nasal. — der in rede stehende vokal hat sich gehalten vor dem futurausgang -st.) por-em-e-st (perimet) vgl. *umbr.* fer-e-st wahrscheinlich blieb er auch vor der endung der 3. p. plur -ns und -t, in manchen fällen auch im sing. vor auslautendem -t, so in ang-i-t er schwindet vor dem infinitivsuffix -um: ac-um, a-ser-um, de\k-um, deic-um, pert-um-um neben *lat.* ag-e-re, as-ser-e-re, dic-e-re, per-im-e-re. wie dieses suffix ň mit dem conjunctivelement å in deic-ā-ns, lam-ā-tir zu a sich vereinigte, ist oben §. 14 dargetan worden.

Auch die abgeleiteten verba lauten urspr. auf -ā- aus. *vgl. §. 2.* in der ā-conjug. hält sich der vokalische stammauslaut in den tempora imperfecta sowohl vor den personalendungen als vor dem modiszeichen stets rein und unverkürzt; im praes. ind.: sakar-ā-ter, faam-ā-t; im impt.: deiv-ā-tud, cens-ā-mur; im fut. I.: deiv-ā-st, cens-ā-sot; im conj. vor dem optativelement i, ī: sak-āA-ī-tor, doiv-ā-ī-d, tad-ā-ī-t (*vgl. §. 14*); ebenso in den vom praes.-st. abgeleiteten nominalformen, *infin.*: cens-ā-um, molt-ā-um, tribarak-ā-vum und im verbaladj.: ùps-ā-nnam. in faam-ā-t ist ā lang angesetzt nach analogie des ältern *lat.*, in welchem noch *arāt, amāt, nuntiāt, inclināt* gemessen wird. die kürzung des themavokals ist also in der 3. pers. von jungem datum und für das *ältere* osk. wenigstens musz ā angenommen werden. in der sprache der t. B. mag allerdings kürzung schon begonnen haben. — der themavokal I ist zu i getrübt in pùt-i-ad, put-i-ans (*bleipt. v. Cap.*) — wenig bestand hat das thematische ē der ē-conjugation. nur im fut. I. her-ē-st hat es sich rein erhalten. schon im ältern osk. ist es zu i getrübt: llk-i-tud (c. Ab.) und neuosk. zu 1: lic-i-tud (t. B.), her-i-iā-d und fat-i-um neben einander auf d. bleipl. v. Cap. endlich findet sich noch auf t. B. das fut. haf-ie-st diese form wäre gebildet wie *umbr.* hab-ie-st, her-ie-st von den praes.-st. hab-ē-, her-ē-; äulich *umbr.* fu-ie-st von praes.-st. fu-i-, *acol.* φυ-ί-ω, in dem suffix -i- entsprechend *skr.* bhāv-ayā-mi. gelf. für osk. hafiest, *umbr.* habiest ist *hap-aja-sjat. nach *osk.* her-ē-st erwartet man aber von praes.-st. hap-ē- ein futur *hap-ē-st, vgl. *osk.* deiv-ū-st, di-de-st, pert-em-e-st; es fragt sich demnach, ob in der inschriftlichen lesart 'hafiert' r statt s die einzige corruptel sei. — die selbe verdünnung des thematischen ē zu ī zeigt das *umbr.* ten-i-to (teneto), sers-i-to (sedeto), hab-i-tuto (habento) und das provincielle latein aus der klass. zeit oportiret, teuimus u. a. — der auslaut des einzigen ō-stammes der inschriften hält sich vor dem antretenden infinitivsuffix unverschrt: Fολλοί·ωμ d. i. voll-ō-ūm.

Vom praesensstamm bildet das italische seine tempora imperfecta: impf. praesens, impf. praeteritum, impf. futurum

— XXXVII —

(fut. I.); auszerdem von verbalnomina den infinitiv, das partic. praes., das gerundium und verbaladjectiv (das sog. gerundiv). wie der ind. und conj. praes. durch antritt der personalendungen und des moduscharakters entstanden, ist im bisherigen gezeigt worden; es erübrigt die formation des *osk.* imperf. und futur. zu erläutern. vom ersteren ist eine einzige form des indic. erhalten. sie läszt mit sicherheit erkennen, dasz das *osk.* sein impf. ind. wie das *lat.* bildete, nämlich durch zusammensetzung des praesensstammes mit dem imperfectum von *ital.* √ fu-. dieses impf. wurde gebildet mit dem bildungsvokal a, der zwischen √ und personalendung trat und vor dieser zu ā gesteigert wurde. dieses suffix a erscheint auch im *skr.* und *gr.* impf. *skr.* á-bhava-m, á-bhav-a-s u. s. w. gesteig. á-bhav-ā-va, á-bhav-ā-ma, *gr.* ἔ-φυ-ον, ἔφυ-ε-ς, ἔ-φυ-ε: ἦ-α, ἦ-ε-ν, ἦσ-α-ν; mit steig. ἔ-η-σθα, ἔ-η-ν; *lat.* er-a-m (*skr.* ās-a-m) er-ā-s, er-a-t u. s. w. in allen diesen formen dient das suffix a bald mit bald ohne steigerung zur imperfectbildung. auf dieselbe art entstand das impf. von √ fu (*skr.* bhū): *ital.* *fu-ū-m, *fu-ā-s, *fu-ā-t, *fu-ā-mus, *fu-ā-tis, *fu-ā-nt; daraus: *f-ā-m, *f-ā-s, *f-ā-t, *f-ā-mus, *f-ā-tis, *f-ā-nt mit schwund des wurzelhaften u. in dieser gestalt wurde es zur bildung des zusammengesetzten *ital.* impf. verwandt und finden wir es in *osk.* fu-f-ē-ns (erant), wo mithin √ fu mit sich selbst zusammengesetzt ist. im *lat.* verschob sich das f im inlaut zwischen vokalen regelrecht zu b; *osk.* fu-fūns entspräche *lat.* *fūbant; mit -bam, -bas u. s. w. bildet das *lat.* bekanntlich die imperfecta aller conjug.-klassen. die kürzung des gesteigerten ā in *lat.* amabām, amabāt, amabānt ist spät eingetreten; wir werden dem *ältern* osk. die länge zu belaszen haben.

Abweichend vom *lat.* aber in übereinstimmung mit dem *umbr.* bildet das *osk.* sein futurum durch zusammensetzung mit √ es. der ausgang der 3. p. -st, plur. -sūt (jünger zet) ist aus den optativformen *-s-iē-t, *-s-iē-nt entstanden. *vgl.* § 14. beispiele sind für die ā-conjug. deiv-ā-st, plur. cens-ā-zet, für die ē-conj. her-ē-st, haf-ie-st, für die conson. conj. pert-em-ē-st, für einen reduplicierten stamm: di-de-st. vgl. *umbr.* fer-e-st, ben-e-s (venies), hab-ie-st, her-ie-st = *osk.* her-ē-st. — dieser *osk. umbr.* futurbildung mit √ es steht eine änliche formation im *griech.* futur. auf -σω und im sog. auxiliarfuturum des *skr.* zur seite, welche beide durch zusammensetzung mit dem durch -ja- erweiterten praesensst. von √as gebildet werden. dieser erweiterte stamm von √as findet sich selbständig nur noch im *lat.* ero für *es-io, *es-jo und im *gr. med.* ἔσομαι für *ἔσιομαι mit futurbedeutung, *grdf.* *as-jā-mi, *as-ja-si u. s. w. das suffix -ja wird von √i (geben) abgeleitet und ist somit wesentlich identisch mit dem optativelement ja (jā): *skr.* di--syā-mi, dā-syā-si u. s. f. *dorisch* δω-σίω, δω-σέεις (δώσεις); vgl. *att.* πλευσοῦμαι. im gewöhnlichen griech. gieng das i (j) ganz verloren: λύ-σω, πράξω für *πράκ-σιω. *πράκ-σjω. πράξω bedeutet also wörtlich: 'ich gehe machen', je vais faire. dieselbe formation eignet dem litauischen. *Bopp krit. skr. gr. §. 440, a.*

II. Tempora perfecta.

Die *osk.* perfectstämme teilen sich in zwei klassen: die primitiven verba bilden ihren perfectstamm durch reduplication oder durch steigerung des wurzelvocals oder durch beides zugleich; die abgeleiteten verba durch zusammensetzung mit dem perfectum von *ital.* √fu (*skr.* bhū); jene perfectformen kann man mit dem von Grimm in die *deutsche* grammatik eingeführten namen starke, die andern schwache perfecta nennen. — im *lat.* erscheint der perfectstamm in allen von ihm abgeleiteten formen durch -i- (ī) erweitert; im osk. ist dieses bildungssuffix nur im perf. ind. erkennbar. — beispiele von reduplicierten perfecta sind: de-d-u-t, δέ-δ-α-ρ == *lat.* de-d-i-t von √da; vgl. *skr.* da-dāū, *gr.* δέ-δω-κ α; *altumbr.* te-r-u-st, *umu.* di-rs-u-st (dederit). durch reduplication und vokalsteigerung zugleich gebildet ist fe-fāc-id, fe-fāc-ust (*conj. perf. u. fut. II.* focurit); vgl. *umbr.* mit abgefallener reduplicationssilbe: fac-u-st, fak-u-rent (fecerit, focerint). *ital* grdf. des perfectst. ist: *fā-fāc-(i-), daraus wurde *lat.* *fē-fēc-(i-), *fe-fēc-(i-), fēc-(i-) erst mit schwächung des √vokals und dann mit verlust der reduplicationssilbe. das osk. aber erhielt √vokal und reduplication unversehrt. eine jüngere formation ligt den *altl.* synkopierten formen faxo, faxim, faxitur u. a. zu grunde, welche für *fāc-sī-so u. s. f. stehend mit dem perf. *(e)s-ī von √es zusammengesetzt sind, wie *lat.* texi d. i. *tec-si aus *teg-si. — ursprüngliche reduplication müssen wir auch annehmen für hip-i-d, hip-u-st (*conj. perf. u. fut. II.*

habuerit) v. √hap-(ē-) = habēre, deren aus wurzelhaftem a geschwächtes i sich nur aus der grdf. *hn-hap- erklären lässt. daraus entstand durch *hé-hep-, *hi-hip- *hiip d. i. hip-. in pruhip-i-d, pru-hip-u-st ist die reduplicationssilbe nach der praeposition geschwunden, wie ja auch das *lat.* seine composita regelmässig ohne reduplication bildet, vgl. te-tig-i, aber at-tig-i u. s. das *umbr.* hat hab-u-s(t), hab-u-rent wie das *lat.* hab-u-e-rit, habuerint. — gesteigerter wurzelvokal ist nach analogie des *lat.* anzunehmen in pert-ēm-ust, per-ēm-ust = *lat.* per-ēmerit vom perf.-st. ēm-(i-); ferner in dīc-ust = *lat.* dixerit, vgl. *alt.* pro-daixerit; hier gehört jedoch die steigerung dem verbal-, nicht blosz dem perfect.-st. an, denn auch der praes.-st. lautet deic-a- in deicans, *lat.* deic-i-to u. s. wo die schreibweise ei den eintönigen mittellaut zwischen ē u. ī, urspr. aber den diphthongen ei bezeichnet. in *osk.* dīc-u-st trübte sich demnach der aus ī gesteigerte wurzellaut ei zu ī gerade wie im *lat.* — der selbe steigerungsvokal ligt deutlich vor in λειξ-ες-τ, einem perfect des *ältesten osk.* von √līk, die wir bereits in līkitud, līcītud, praes.-st. līc-ē- kennen gelernt haben. von √līk- wie von √hap- haben die praesensstämme in unursprünglicher weise die form abgeleiteter verba auf -ē- angenommen, während die perfectstämme die bildungsweise primitiver verba beibehielten. — noch bleiben die formen kúm-ben-ē-d ùm-bn-ē-t, ce-bnust zu besprechen übrig. *lat.* lauten sie: con-vēn-i-t, ob-vēn-i-t, -vēn-e-rit gewöhnlich wird für kúmbened nach analogie des *lat.* durch steigerung gelängter √vokal angesetzt. bei dieser annahme bleiben aber die synkopierten formen ùm-bn-et, cebn-ust unerklärt. diese können nur aus *úm-bĕn-ed, *cé-bĕn-ust entstanden sein. folglich ist auch kùm-bĕn-ed anzunehmen. dabei ist immerhin wahrscheinlich, dasz ursprünglich auch hier gesteigerter vokal vorlag und die älteste gestaltung dieser verba war: *kúm-bēn-ed, *úm-bēn-ed, cé-bēn-ust; mit dem aufkommen des neueren betonungsgesetzes, das bei langer vorletzter silbe den hochton auf der drittletzten nicht mehr litt, kürzte sich die vorletzte silbe und der hochton behauptete seinen platz.

Gesteigerter perfectstamm ist ferner anzunehmen in dem mit opt. praes. von √es (*vgl. §. 14*) zusammengesetzten conj. perf. fn-sid und fut. II. sing. fn-st, plur, *-fo-set, jünger fu-zet. von √fu, die als praes.-st. in fu-i-d, fu-fans fungiert, lautete der gesteigerte perf.-st. *fou-i-, fov-i- (in *altl.* foverint), zusammengezogen fu-i- (vgl. fu-i-t, fu-i-mus, fu-e-rim, fu-i-sset u. s. bei ältern dichtern), endlich gekürzt fu-i-. der *osk.* perf.-st. fu- entspricht dem *lat.* fu-i-; aber der bildungsvokal -i- ist dort geschwunden oder mit dem vorausgehenden u verschmolzen, wärend er im *lat.* (vor r zu e getrübt: fu-e-rit) stets blieb. die *umbr.* formen fu-st, fu-rent stimmen genau zu den *osk.*; gemeinsame grdf. von *osk.* fusid, *osk. umbr.* fust und *lat.* fuerit ist *fu-i-sit: die grdf. des plur. *osk.* *fuset (erschloszen aus tribarakattuset), *umbr.* fu-rent, *lat.* fu-e-rint ist *fu-i-sint. *rgl.* §. 14.

Die zusammengesetzten (schwachen) perfectstämme, welche in den inschriften vorkommen, gehören sämmtlich abgeleiteten verba der ā-conjugation an. sie sind gebildet durch zusammensetzung mit dem perf.-st. von √fu-. fu-i wird aber, indem das u schwindet, zu f-i. der stammauslaut i wird gesteigert zu ei und dieses wieder getrübt zu ē (oder ī; *rgl. unten*). auf diese weise ist vom verbalstamm aikd-ā- das perf. aikd-ā-f-ē-d (aedificavit) gebildet; ebenso vom verbalstamm (ā-)man-ā-man-ā-f-ē-d und, mit geschärftem f, oa-man-ā-ff-ē-d (*ad-man-ā-v-i-t), auf dieselbe formation führen die perfecta prúf-f-ē-d, ups-ē-d, uups-ē-ns, ουπσ-ε-νς zurück. alle diese synkopierten formen sind durch ausstoszung des stammausslautes ā der verbalstämme prúf-ā- und ups-ā- unkenntlich geworden, vgl. prúf-ā-tted, ùps-ā-nuam; sie stehen für *prúf-a-fēd, *ups-ā-fed, *ups-ā-fens. die durch schwund des ā entstehende consonantenhäufung -psf- in den beiden letzten beispielen wurde dadurch erleichtert, dasz f dem s sich erst assimilierte und dann völlig schwand. bemerkenswert bei diesem verbum ist die steigerung des wurzelvokals im perfect uupsens, ουπσευς, opsed dem praesenst. úps-ā- in úpsannam *lat.* óperandam gegenüber. doch ist eine solche steigerung bei einem abgeleiteten verbalstamm immerhin auffallend und ich wäre geneigt in der lesart uupsens, aus welcher dieselbe erschloszen worden ist, lediglich einen schreibfehler für *úpsens zu sehen; in dem *altosk.* ουπσινς wäre in diesem fall durch ου nur das ital. (kurze) u umschrieben worden und die schreibweise mit ου könnte nur erweisen, dasz in diesem worte die trübung von ō zu osk. ú früh eingetreten ist. — auf änliche weise wie in upsed schwand der themavokal ā und ē zusammt dem anlaut von √fu in den conj. perf. patens-i-ns, herr-i-ns, welche auf *patens-ā-f(u)-i-ns, *her-ē-f(u)-i-ns zurückgehen von infin. *patens-ā-um and *her-ē-um; in her-r-i-ns ist r-r aus r-f assimiliert. — ebenso bildete das umbr. den perfectst. seiner ā-verba, wie pih-a-fei, pih-ā-fī (piavi) bezeugt. der osk. umbr. perfectst. der abgeleiteten verba auf ā (und wol auch derer auf ē, ī, ō) bestand somit aus denselben elementen, womit lat. amā-vi, audī-vi, delē-vi zusammengesetzt ist; aber während im lat. das f von -fui sich zu h verdünnte und h schwand, das u aber entweder blieb (mon-ui) oder zu v sich verhärtete, blieb osk. umbr. umgekehrt das f bestehen, und das u gieng unter.

Eigentümliche bildungen sind die perf. ind.: dadikatted, prufatted, profated, prufattens, uunated, teremnattens, der conj. perf. tribarakattins und das fut. II. tribarakattuset mit den perfectst. (dā-)dikatt-(i-), profatt-(i-), nnat(t)-(i-), teromnatt-(i-), tribarnkatt-(i-) von den abgeleiteten verbalst. dik-a-, prof-a-, un-a-, teremn-a-, tribarak-a-. es fragt sich, wie diese perfectstämme entstanden sind. Corssen (Aussprache I. 553, II. 911.) erklärt ihre genesis folgender maszen: von den partic. perf. pass. dieser verbalstämme dik-a u. s. w., also von *prof-a-to-, *dik-a-to-, *un-a-to-, *teremn-a-to-, *tribarak-a-to- wurden neue denominative gebildet, deren infin. lauten würden: *dik-a-t-a-um, *prof-a-t-a-um, *un-a-t-a-um, *teremn-a-t-a-um, *tribarak-a-t-a-um; diese neuen denominativa verhielten sich zu den einfachen dik-a-um u. s. w. wie lat iac-t-a-re, cap-t-a-re, labefac-t-a-ro u. a. zu ihren stammverba iac-e-re, cap-e-re, labefac-e-re. von diesem osk. denom. *dik-a-t-a-um nun wären die in rede stehenden perf. da-dik-a-t-t-ē-d u. s. w. durch zusms. mit *fui gebildet, mit ausstoszung des thematischen a u. assimilierung des f an t, wie wir den gleichen lautvorgang soeben bei prufffed, herrins u. a. nachgewiesen haben. dadikatted stünde demnach für *da-dik-a-t'-fed, *da-dik-a-t-a-fed, ebenso prufatted für *pruf-a-t'-fed, *pruf-a-t-a-fed u. s. w. in uunated, profated ist t für tt geschrieben, wie auch im umbr. u. altl. verdoppelung der consonanten graphisch nicht dargestellt zu werden pflegte.

lautlich ist dieser bildungsgang offenbar vollkommen gerechtfertigt. aber man musz wol zugestehen, dasz die oskische sprache hier einen weiten umweg eingeschlagen hätte um zum ziele zu gelangen. auch ist der vergleich mit *lat.* iactare neben iacere u. a. in so fern nicht völlig zutreffend, als jene *lat.* denominativa von primitiven verben abgeleitet sind, im *osk.* aber denom. verba der ā-conj. von denominativen derselben klasse abgeleitet wären. überdiesz ist in iactare u. s. w. die bedeutung des einfachen iacere wesentlich modificiert. Schleicher (*Comp. s. 873. f.*) vermutet in jenen bildungen eine zusammensetzung des partic. praes. act. mit dem perfectst. der √fu und diese erklärung dünkt mich einfacher und ansprechender. prúfatted stände darnach für *prúfatfed, *prúf-a-nt-fed. eine solche umschreibende perfectbildung ist durchaus sachgemäsz. die gegen diese erklärung erhobenen lautlichen bedenken scheinen mir nicht durchschlagend zu sein. in dem einzigen überlieferten *osk.* part. praes. act. prae-s-ent-ī-d ist das n zwar erhalten und es ligt ein grund nicht vor zu der annahme, dasz dieses n in den partic. praes. anderer verba geschwunden wäre; es lag dazu auch gar kein lautlicher anlasz vor; dasz dieses selbe n gleichwol schwinden konnte, zeigt aragetud (*s. §. 8. 7*), und wenn nun an den ausgang -nt ein weiterer consonant antrat, so war nicht nur genügende lautliche veranlaszung, sondern selbst dringende notwendigkeit vorhanden diese eingetretene consonantenhäufung zu erleichtern. ein *prúfantfed musz einem oskischen ohr gar hart gelautet haben. ein sehr einfaches mittel diesem übelstand abzuhelfen war nun eben die ausstoszung des nasals und die assimilierung von -tf- zu -tt-. dadurch wurde allerdings die entstehungsweise dieser form verwischt; um so eher konnte ein prúfatted ohne modification der bedeutung für und neben *prúfafed, prúffed gebraucht werden. wenn dagegen eingewandt wird, dasz dadurch dem *osk.* eine dem *lat.* fremde bildungsweise vindiciert würde, so ist daran zu erinnern, dasz auch in der bildung des fut. I., des conj. perf., des infin. das *osk.* seine eigenen wege gegangen ist. übrigens steht hier das *osk.* nicht allein. *subil.* sestattens, *volsk.* sistintions beweisen, dasz auch andern italischen dialekten diese bildung nicht fremd war.

Nachdem im bisherigen die formation der starken und schwachen perfectstämme behandelt worden ist, bleibt übrig nachzuweisen, wie von diesen perfectstämmen die tempora perfecta, nämlich perfectum praesens ind. und conj. und perfectum futurum ind. (futur. II. oder exactum) gebildet wurden. das perf. praeteritum (plusquamperf.) ist in den osk. inschriften nicht vertreten. in allen lat. tempora perfecta ind. und conj. erscheint der perfectstamm durch das stammbildende suffix i erweitert. vor den personalendungen des perf. ind. wird dieses i zu ei gesteigert und ei zu ē, ī getrübt, später in den meisten formen wieder zu ĭ gekürzt. die steigerung ist erwiesen durch altl. formen wie petiei, fecei, interieisti, redieit, probaveit, fuueit neben fuīt und fuēt, dedīt und dedēt, vixīt, iussīt u. a. ei bezeichnet hier den einlautigen mittellaut zwischen ī und ē wie das lange osk. í, urspr. aber wurde es als wirklicher diphthong gesprochen. im skr. tritt ein solches stammbildendes suffix i (ī) mehrfach auf, z. b. praes. ród-i-mi, ród-i-shi, ród-i-ti v. √rud (weinen), im impf. ās-ī-s, ās-ī-t, (eras, erat), im V. aor. á-ved-i-sham neben ved. á-ved-ī-m von √vid (wissen) u. a. dieser bildungsvokal i des perfectstammes ist bei den osk. verba nur im indic. perf. zu erkennen, und zwar wie im lat. in der gesteigerten form altosk. ei und ē, später immer ē. ei findet sich nur zweimal in der grabschrift von Anzi: λειϰ-ει-τ, λιοϰ-αϰ-ει-τ, aber daneben schon in alten inschriften: ουϰσ-ι-νς, δι-δ-ε-τ, (ε = ē), und sonst stets ē: kúm-ben-ē-d, de-d-ē-t, prúfatt-ē-d aíkdaf-ē-d, dadíkatt-ē-d u. a. pl. prúfatt-ē-ns, uups-ē-ns. das perfectum praesens indic. wird somit durch antritt der personalendungen an den mit bildungssuffix i (ei, ē) erweiterten perfectstamm gebildet. es weicht vom lat. ab in der 3. p. plur., welche das lat. durch zusammensetzung mit -ront, -runt d. i. sont, sunt bildet: altl. coravoront, prob-ā-v-ē-runt, de-d-ē-ront und mit verstümmelung ded-ē-re und im alten provinciallat. de-d-rot, do-d-ro aus dédĕront, dédĕront; ebenso umbr. ben-u-so(nt), co-vert-u so(nt) = ven-ē-runt, con-vert-ē-runt vom perf.-st. ben-(f)u-(i-), con-vert-(f)u-(i-).

Den conjunctiv des perfects bildet das osk. durch anfügung des moduselementes ī (s. §. 14.) mit personalendung an den nicht durch bildungsvokal i erweiterten perfectstamm: bip-ī-d, pruhip-i-d, fefac-i-d; *plur.* tribarakatt-i-ns, herr-i-ns, patens-i-ns. — von √ fu entsteht der conj. perf. fu-síd durch zusammensetzung des perf.-st. fu-(i) *(vgl. oben)* mit dem optativ praes. der √ es *(vgl. §. 14.)*; die synkopierte form fu-st dient als fut. II. — durch zusammensetzung des perf.-st. mit diesem fut. II. der √ fu, *sing.* fust, *plur.* *fusét, bildet das *osk.* das perf. fut. (fut. II.); von primitiven und abgeleiteten verba; auch hier tritt der perfectst. ohne bildungsvokal i auf; der anlaut von fust, fusét schwindet beim zusammenstosz mit dem auslautenden consonanten des perf.-st. beispiele von primitiven verba sind: dīc-u-st, cebu-u-st, per-ĕm-u-st, pert-ĕm-u-st, ur-u-st, fefāc-u-st; bip-u-st, pru-hip-u-st; ferner die passivo inchoativform compara-sc-u-s-te-r. ein fut. II. der s-conj. ist tribarakatt-u-set. unklar ist die form anget-u-zet auf t. B., von der nur so viel fest steht, dasz sie ebenfalls eine fut. II. ist. — das *umbr.* bildet sein fut. II. dem *osk.* analog: ben-u-s(t), *plur.* ben-u-rent (venerit, venerint) fak-u-st, fak-u-rent u. a.; ein conj. perf. findet sich nicht vor.

§. 16. Paradigma eines verbums der ā-conjugation.

Thema: *osk.* prof-ā-   *umbr.* prof-a-   *lat.* prob-ā-.

Activ.

Tempora imperfecta.

Imp. praes. ind.

sg. 1.	*profau	profau	probo
2.	*profas	*profa(s)	probas
3.	profāt	*profa(t)	probat
pl. 3.	profānt	profan(t)	probant

Imp. praes. conj.

sg. 1.	*profaim	profaia(m)	probem
2.	*profais	profaia(s)	probes
3.	profait	profaia(t)	probet
pl. 3.	profaiet	profaians	probent

— XLV —

Imp. praes. imperat.

sg. 2. *profā	*profa	proba
3. profatūd	profatu	probato
pl. 3. *profatuto(d)	profatuto (-a, -u)	probanto

Imp. praeter. ind.

sg. 1. *profafūm	*profafa(m)	probabam
2. *profafās	*profafa(s)	probabas
3. *profafāt	*profafa(t)	probabat
pl. 3. profafūns	*profafan(t)	probabant

Imp. futur. ind.

sg. 1. *profasem	. . .	probabo
2. *profass	*profas	probabis
3. profast	profas(t)	probabit
pl. 3. profasnt	*profaren(t)	probabunt

Tempora perfecta.

Perf. praes. ind.

sg. 1. *profafei	profafei (-ī)	probavi
3. profafid (*synk.* prūffed)	*profafi(t)	probavit
pl. 3. profafēus	profafuso[nt]	probaverunt

Perf. praes. conj.

sg. 1. *profafim.		probaverim
2. *profafis		probaveris
3. profafid		probaverit
pl. 3. profafins		probaverint

Perf. futur. ind.

sg. 1. *profafusem	. . .	probavero
2. *profafuss	profafus	probaveris
3. profafust	profafus(t)	probaverit
pl. 3. profafusnt	profafurent	probaverint

Umschreibende perfectbildung des osk.

	perf. praes. ind.	perf. praes. conj.	perf. fut. ind.
sg. 1.	profattei	*profattum	*profattusem
2.	. . .	*profattis	*profattuss

sg. 3.	proffatúd	profattúd	profattust
pl. 3.	proffattëns	profattëns	profattasët

Passiv.

Imp. praes. ind.

sg. 3.	profater	profatur	probatur
pl. 3.	*profanter	profantur	probantur

Imp. praes. conj.

sg. 3.	profaiter	*profaiatur	probetur
pl. 3.	*profaieter	*profaiantur	probentur

Imp. praes. imperat.

sg. 3.	profamur	. . .	profator

Perf. praes. ind.

sg. 1.	profaz sum u.s.w.	profaz sum	probatus sum

Verbalnomina.

infin. pr.	profaum	profo(m)	probare
part. pr.	profant-	*profant-	probant-
part. perf.	profato-	profato-	probato-
verbaladj.	profauno-	profano-	probando-

II. Deklination.

Wie im *lat.* so unterscheiden wir auch für die nomina des *osk.* nach ihrem stammauslaute eine o- (ă), ā-, i-, u- und consonantische deklination. von einer *osk.* e-dekl. sind keine spuren vorhanden; von der u- (der *lat.* sog. 4.) dekl. sind nur wenige formen erhalten. auch die i- und conson. stämme (*lat.* 3. dekl.) sind sparsam vertreten; während das *lat.* ihre dekl. überall vermengt hat, ist im *osk.* die grenzscheide zwischen i- und conson. dekl. deutlicher erkennbar, so dass trotz der wenigen beispiele es sich empfiehlt jede für sich zu behandeln. am vollständigsten vertreten ist die dekl. der nom. subst. u. adj. m. f. n. auf o (ă), fem. auf ā (*lat.* 2. u. 1. dekl.) — der nominalen dekl. wird sich die pronominale anschliessen, so weit ihr besondere eigentümlichkeiten eignen. — die sog. indeclinabilia (adverbien, conjunctionen, praepositionen) sind erstarrte und teilweise verstümmelte casus von nominal- oder pronominalstämmen. sie sollen daher bei den betreffenden casus erläutert werden. — das *osk.* hat **sechs casus**: nominativ, accusativ, genitiv, dativ, ablativ wie im *lat.*, ausserdem aber noch den l o c a t i v (jedoch nur im s i n g .), welchen das *lat.* in vereinzelten formen (z. h. Romae u. ä.) erhalten hat. ein beispiel für den v o c a t i v ist nicht erhalten. der d u a l fehlt wie in allen ital. sprachen.

§. 17. Deklination der o-stämme.

1) **Nominativ sing. masc.** das nominativzeichen ist im *osk.* wie im *ital.* überhaupt und in den verwandten sprachen (*skr.* çivá-s, *gr.* λύκο-ς, *got.* vulf-s) s, welches an den vokalischen stammauslaut tritt. dieser themavokal ist im indoeurop. urspr. ă: *skr.* açva-, im *gr.* und *lat.* hat er sich regelmäszig zu ŏ gesenkt und im *lat.* weiter zu ŭ getrübt: ἵππο-ς, equo-s, jünger equu-s. doch ist in beiden sprachen und so auch im *osk.* das urspr. ă in einzelnen fällen erhalten, so in den *osk.* namensformen: T a n a - s , K a h a - s , Μαρας, S a n t i ă = *gr.* Ξανθίa-ς, in Santia ist das s abgefallen wie in *gr.* νεφεληγερέτα, ἱππότα, *lat.* perfugă, Galba, Sulla. diese nomina subst. auf urspr. -ă- sind im *lat.* häufig; selten und nur in der älteren sprache haben sie das nominativ -s bewahrt: *altl.* hosticapă-s, parricida-s, die *osk.* Tana-s u. s. w. entsprechen. die nächste stufe der abschwächung, ŏ, im *gr.* und älteren *lat.* der regelmäszige vertreter des urspr. ă, ist nur einmal erhalten in *altosk.* Πωπκινο-ς; diese form entspricht dem *gr.* ἵππο-ς, dem *altl.* equo-s, filio-s, Plautio-s neben Plautio, Sexto, *falisk.* Tito, Maxomo, Marcio, Voltio mit schwund des s. neben o erscheint schon *altl.* u: Cornelius, prognatus, und ebenso *altosk.* Ilerennin mit abfall des s. der ausgang -u-s, der gewönliche des *klass. lat.*, ist auch dem *jüngern osk.* bekannt, wie s i p u s (*altl.* sibus), f a c u - s , p r a e l u c u - s (t. B.) beweisen. aber in der regel liesz das *osk.* den stammauslaut urspr. -ă- vor dem nominativ-s völlig schwinden. so steht schon auf t. Ag. h ù r z d. i. *hùrt-s, lat.* hortu-s; ferner: tùvtìks, vgl. *umbr.* tratrek-s = *fratricu-s; osk.* Nuerson-s, Porken-s, Pùmpaiian-s, vgl

altl. Campan-s, Herculan-s; *osk.* Tafidin-s, vgl. *altl.* termin-s, Agellin-s, *umbr.* Ikuvin-s; auf l. D. Dantin-s. für kürz vgl. *altl.* damna(t)-s, sana(t)-s, *umbr.* tacez, pihaz, termna(t)s (tacitus, piatus, terminatus). nachdem der themavokal geschwunden, fiel nach r u. l auch das casuszeichen s ab: Aukil, Mutil, Mitl, Paakul, famel = *altl.* famul, Fiml, Frunter für *fruntero-s, vgl. *lat.* puer(o-s). *lat.* vultur neben *altl.* vulturus, *umbr.* ager, katel = catulus. für die ausstoszung des themat. o (ä) ist auch der nom. masc. der starken dekl. des *got.* zu vergleichen: vulf-s für *vulf-a-s = *skr.* vrk-a-s (wolf).

Ueberaus häufig vertreten sind in den osk. inschriften nominative von gentilnamen mit suffix -io-. ihr ausgang *-io-s, (*lat.* -ius, ius) erleidet stufenweise abschwächung und verstümmelung, welche diese formen oft ganz unkenntlich macht: a) der stammauslaut o sinkt zu e und weiter zu i: Ποπχιες, Aadiriis, Atiniis, Vibnikiis, Maaniis, Puriis = *lat.* Purius; vgl. *volsk.* Pakvies (= *lat.* Paquius), Cosuties, Tafanies, *sab.* Alies. dieselbe anähnlichung des o an voraufgehendes i finden wir in *altl.* vocativformen: Leucesie, filie, und *umbr.* Fisovie, Sançie u. a. das osk. bleibt dabei nicht stehen, sondern assimiliert die beiden vokale ie, ii einander völlig zu ii. in dieser gestaltung erscheint das suffix -io- im *osk.* am häufigsten: B[a]bbiis, Gaviis, Vaaviis, Virriis, Virriis (= Virreius), Hurtiis, Hüsidiis, Maakdiis, Maakiis, Metiis, Mulukiis, Pontiis, Pupdiis, Püpidiis, Siuttiis, Slabiis, Staatiis, Trebiis, Opiis, Ufiis; einmal hat ii zu ii sich assimiliert: Staiis neben Staiis. dieses ii verschmilzt naturgemäsz sehr leicht zu i, das in der jüngern sprache zu i sich gekürzt haben mag. beispiele sind: Asia, Bivellis, Viibis, Viline-i-s (= *Vilinçius), Helrennis, Καλυις, Kaluvis, Luvkis (Lucius), Luvikis, Maïs neben Mahiis (Magius), Niumsis neben jüngerem Niumeriis, Pakis, Stenis, Ohtavis. auch das *ältere lat.* kennt diese form des suff. -io-: Caecilia, alis = alios, alius, das *provinc. lat.* Drutis, Fulvis; ebenso *umbr.* Trutitis, Koisis und *sab.* Polleonis. -io- verschmilzt zu ē in *altosk.* Σεαrε-ς, öfter -ii- durch -ii- (vgl Stal)s) zu i: Aiē-i-s = Aiēius, Vesullia-i-s, Ma-i-s neben Maïs uud Mahiis, Maraiiis, Mefitaiiūls; in allen diesen beispielen hat das benachbarte ā oder ō den übergang von -io- zu ie, ii, i statt zu ie, ii, i bewirkt. endlich schwindet das aus -io- hervorgegangene i, nachdem es sich erst gekürzt, ganz und vom ausgang -ios bleibt nur das nominativzeichen s stehen: Heirẽns neben Hetrennis und Herennniu(s), Salavs, Τρεβς, Upils.

b) Zu gleicher zeit ist auch das schwach auslautende s des ausganges -ios dem schwund unterworfen und daraus ergeben sich formen wie: Herenniu, Harenī neben Hetrennis und Hairens; ebenso Pupie, Statie, Silie neben Silli, Paapii, Paupii und Paapi, Moliwsaii, Asilli, Helvī und sogar Lùvkl = Lucilius, wo suffix sammt casusendung geschwunden ist. der ausgang -ios im nom. s. m. der o-dekl. durchläuft somit folgende stadien der schwächung und zusammenziehung bis zum völligen schwund:

a) -io-s,   -ie-s, -ĩ-s, -ii-s (-ìl-s), -ī-s (-ì-s, -ẽ-s), -ĭ-s, -s.
b)   -iu, -ie, -iì, -ii,   -ī,   -ĭ, —.

für die formen auf -i ist zu vergleichen altl. Clodi, Sulpici u. a. der umstand, dasz die osk. formen unter a) und b) regellos neben einander vorkommen, spricht für die annahme, dasz im osk. dieses auslautende nominativ-s eben so wol wie im lat. niemals völlig verklungen, sondern sehr schwach und flüchtig ausgesprochen worden sei. dasz die verkürzung des ausganges -ios keineswegs bloss der jüngern sprache zukam, zeigen die altosk. formen Πομπτιες, Καλινις, Herenniu, Mulukiis u. a.

Der nom. neutr. nimmt die form des acc. an. s. d.

2) Accusativ. sing. masc. fem. und neutr. das casussuffix -m (verkürzt aus -am. s. conson. dekl.) tritt an den stammauslaut ŭ an, der im altosk. ungetrübt bleibt: masc. ταυρομ, hùrtùm; fem. [ùíttiùm, triìbùm; neutr. ϱγανωμ, ϰαϰιδιτεμ, σοϱοϜωμ, sakarakliùm, thesavrùm, pestlùm, dùnùm. auch das jüngere osk. behält das o meistens bei; aber auf denselben inschriften finden sich auch accusative auf -um mit trübung des o zu u. so stehen auf t. B. neben einander: masc. dolom, zicolom, mallom und dolum, nesimum, neutr. comonom, censtom, brutom; auf der bleipl. v. Cap. masc. Nùvellum, in e. pompej. pinselinschrift neutr. veru sarinu, einziges beispiel für den abfall des -m im acc. der o-st. das neutr. s. der ã-stämme nimmt für den nominativ im indoeurop. die form des accus. an, d. h. es lautet ebenfalls auf -m aus; so auch im osk. solche nom. neutr. s. sind altosk. saahtùm, tefùrùm, sakaraklùm, teram und auf t. B. valaemom. — accusativformen der o-dekl. sind die

IV

osk. infinitive. (vgl. §. 5. 1.). nur im ältesten osk. hat sich ein infin. auf -ům erhalten; Fακκιή-ωμ, c. A. hat schon -um: tribarakavum, ebenso t. B.: censa-um, molta-um, ac-um, aser-um, ez-um, pertum-um, deic-um, und die bleibt. v. Cap.: deik-um, fati-um. — accusativformen von o-st. sind ferner die pronom. l-o-n-c, si-o-m (s. §. 12), das superl.-adv. posm-om, die adv. pí-dum, ekkum für *ek-dum, die praepos. per-um, com (cum) und die conj. pùn, pon (quom, cum). in εινειμ, ìnìm, inim formell = lat. enim (s. gloss.) hat sich urspr. à durch e zu i geschwächt, vgl. umbr. enom, enem (tum, et). — das ergebnis dieser zusammenstellung ist, dasz im acc. masc. fem. und acc. com. neutr. sing. der themavokal ŭ im ältesten und älteren osk. durchweg rein und ungetrübt erhalten ist, dasz seine schwächung zu u erst im jüngeren osk. begonnen hat, aber nicht allgemein durchgedrungen ist, vielmehr das ältere o noch entschieden vorherrscht, (ausgenom. im infin. s. o.); das casussuffix -m hat sich in allen perioden fest gehalten; auf einer einzigen jungosk. inschrift ist es geschwunden. in dieser beziehung zeigt das osk. sich conservativer als das ältere lat., in bezug auf beibehaltung des o altertümlicher als das lat. der klass. und der älteren zeit. denn auch im altl. ist o schon öfter zu u getrübt: altl. poculo, dono, viro und donu, muru neben donom, poculom und donum, virum u. a. altsab. daneinom, jünger aunom, dunom und duno, pesco; nur das jüngste sab. zeigt trübung des o in hiretum. volsk. bewahrt das o: statom, pihom, esaristrom. das neuumbr. hat o: poplom, ortom, scruhto neben altu., deszen alphabet kein u besitzt, partilu, kuratu u. a. falisk. zeigt verdunkelung des o zu u schon auf einer alten inschrift: cuncaptum. — der stammauslaut o ist geschwunden in den osk. acc. neutr. medicim, mem[n]im, für *medic-io-m, *memn-io-m. diese acc. entsprechen in bezug auf die gestaltung des suff. -io- den nomin. Vib-i-e u. s. w. den selben schwund des o hat sab. raevim aus *raev-io-m, umbr. Fisim, Fisi, tertim für *Fisiom, *tortiom u. a. eine analoge formation zeigt der acc. der masc. und neutr. ja-st. im got. z. b. hairdi vom st. hairdja-. für den acc. m. der ă-st. des indoeurop. vgl. got. dag aus *dag-a-n, skr. ácva-m = gr. ἵππο-ν = equo-m; neutr. skr yugā-m . gr. ζυγό-ν, lat. iugum, got. juk.

3) **Genitiv** sing. das urspr. gen.-suffix -äs schwächt sich zu -is und tritt in dieser gestalt an den stammauslaut ŏ (urspr. ā), der seinerseits sich zu e senkt, dem i von -is sich teilweise assimilierend. das bestreben zur gegenseitigen anänlichung beider vokale macht sich noch weiter geltend, indem das *ältere osk.* das i des casussuff. zu ı trübt. so entsteht der genitivausgang in den ältesten mit griech. alphabet geschriebenen inschriften -ει, in den mit einheimischer schrift verfaszten denkmälern -eı, wofür auf t. B. wieder -ei geschrieben wird. die umschreibung des osk. -eı durch *lat.* -ei beweist, dasz dieses -eı (ei) zu allen zeiten seine d i p h t h. natur bewahrt hat. *beispiele:* Fιοινεις, Κοτ-τεıηις, Στατττηις, Νιυμσδιηις, Γεοεκλε[ι]ς. das η steht hier für ε, ě; zur zeit der abfaszung osk. inschriften in *griech.* alphabet war der gebrauch von ε und η, ο und ω noch nicht festgestellt, wie wir auch oben mehrmals ω statt ö geschrieben fanden. neben diesem gen. in *griech.* stehen in *nationaler* schrift: Niumsieıs, Ho-rekleıs, senateıs, sakarakleıs, toreis, kúmbenníeıs, Púmpaiianeıs, [tri]mparakíneıs, [G]avieıs, lavfreıs, Meehküeıs; auf t. B. minstreis, mistreis, senateıs. *neutra* sind: sakarakleıs, tereis auf c. Ab und brateis, cadeis auf t. B. von pronominalformen gehören hieher: suvels, eıseıs und auf t. B. eizeıs von den pron.-st. su-vo- und ei-so- (jünger ei-zo-). — das *umbr.* zieht den gen.-ausgang -eis, -eis in -ěs, jünger -ěr zusammen: katles (catuli), popler (populi), Propartie (Propertii). das *lat.* hat den diphth. oi, ei, schon in den ältesten denkmälern stets zu I verschmolzen und zugleich das schwach auslautende s schwinden laszen: Volcani, sacri. in einer spätern periode des *altl.* neigte sich dieses I zu e hin; daher die schreibweisen populei, rinei, Marcei u. a., aber das klass lat. kehrte zu dem reinen I zurück. mit dem *lat.* stimmt das *falisk.* Marci, Acarcelini. den auf den ersten blick weit ausz einander liegenden genitiven des *osk.-umbr.* und des *lat.-falisk.* ligt demnach eine g e m e i n s a m e grundform *-o-ie zu grunde. das *osk.* hat diese urspr. gestalt noch in durchsichtiger weise erhalten, am weitesten von ihr ab ligt die *lat.-falisk.* form auf -I, der das *umbr.* durch verschmelzung der diphthongen und beginnenden abfall des s sich nähert. diese gen.-bildung auf *-o-is kennt nur der *italische* sprachstamm. im *skr.* haben die ā-st. -sya: vrka-sya (vrka- *wolf*) dieses gen.-suff. -sja wird auch für die

gr. und *got.* ă-st. angenommen: λύκου aus *λύκο-jo, *λύκο-σjo, vgl. *hom.* ἀνθρώπ-ο-ιο; *got.* vulfi-s aus *vulfa-sija). doch könnte man die *got.* form wol aus *vulfi-is, *vulfi-is, *vulfi-ĕs erklären.

4) **Dativ sing.** die grdf. des dat.-suff. -ai, *ital.* -ei trübt sich zu ī, welches mit dem stammauslaut o den diphth. -oi bildet, der regelmäszig durch anänlichung des i an o zu oi getrübt wird: Evkluì, Horekluì, pihiui, Vereluasiu, hŭrtŭi, Korrŭi; Abellanŭi, deketasiu, Vestirikiūi, Iuvkiūi, Maiiūi in altroi (t. B.) hat sich der themavokal zu e geschwächt. diese *jüngere* form bildet den übergang zum *umbr.* dat. auf ē: poplo, Grabovei (ei = ī), zu *volsk* deve (divo), Declune und zu *lat.* alteri u. ä. die reinste gestalt des *ital.* dativs von o-st. ist erhalten im *altl.* populoi Romanoi; das *osk.* zeigt schon leise trübung des diphth. und steht somit in der mitte zwischen jenem *altl.* und dem *jüngeren lat.* dativ, dessen -ō durch trübung und schlieszliche verschmelzung aus urspr. oi änlich wie umbr. ē aus osk. ei entstanden ist: populo Romano; ebenso *sab.* Herelō, dem *lat.* der *klass.* zeit entspricht das *gr.* ἵππῳ. *got.* hat vulfa aus *vulfa-i; das *skr.* erweitert hier das dativsuff. ē (= urspr. ai) mit a, ἄςναγa (equo) aus *áçva-ay-a; nur *ved.* kennt noch formen wie *áçvāi und *altbaktr.* açpāi aus *açva-ai, *açpa-ai. hier ist das dat.-suff. in seiner urspr. form -ai noch deutlich erkennbar.

5) **Ablativ sing.** der urspr. ausgang -ōt (d. i. stammauslaut ā + casussuff. -āt) geht *ital.* in *-ūt und mit erweichung des t in -ūd über. dieses -ūd hat regelmäszig das *ältere osk.*: *neutr.* Pùvsianùd, sakaraklùd, pronom. eisùd v. pr.-st. ei-so, adv. amnùd, pùkkapid für *pŏd-kapid v. pr.-st. poauf c. Ab., *neuosk.* nur noch in pŏd, pocapid der t. B. schon das *ältere osk.* hat -ūd bisweilen zu -ud getrübt: tristaamentud, aragetud, Tianud Sidikinud, und in der nominalen deklin. des *jüngern osk.* ist -ūd die einzig gebräuchliche form: aflˈtrud, dolud, zicolud, mallud, malud, preivatud; *neutr.* amiricatud, meddixud, medicatud und *praep.* amnud, contrud, pru. alle auf t B.; amvianud. über die pron. eksu-k, eizu-c, eisu-c-en. (vgl. *lat.* huc, illuc) mit schwund des d vor -k, -c vgl. *pron.-dekl.* auch in pru = *lat.* pro für prŏd ist d abgefallen. in der *nominalen* dekl. hat sich das d zu allen zeiten fest gehalten. nur *altl.* hat dem *altosk.* entsprechende formen: Gnaivōd, poplicod, preivatod; da-

neben auch vereinzelt mit schwächung des o zu u (neſ]astnd, [ob]latnd wie osk. preivatnd u. a. aus preivatı·d ist durch abfall des schwach auslautenden d das gewöhnliche privato entstanden. formen wie tertiu für tertio eignen im lat. erst der spätern volkssprache, sind aber den andern *ital.* dialekten geläufig. schon das *altsab.* hat neben ornio, peio kipera (*prov. lat.* cipro, cupro), prn; *volsk.* nur o: vinu, covehriu (contione), toticu, sepu (*altl.* sibo). *umbr.* ebenfalls uar n: perskla. zu dem *osk. lat.* abl. auf -ōd vgl. *skr.* áçvāt (equo). dem *deutschen* fehlt dieser casus; das *gr.* hat davon nur einen überrest in den adv. auf -ως: σωφρόν-ως.

Noch bleibt das *adv.* amprufid auf t. II. zu erläutern. diese form stellt sich sehr schön zu *altl.* facilumēd; beides sind ablative der o-st. amprobo-, facilumo-. *grdſ.* der endung ist -At aus -ā-āt, daraus *-ād und mit schwächung des vokals -ēd und *osk* -Id. durch abfall des d ergab -ēd die gewöhnliche endung -ē der *lat. adverbia* von o-st. altē, probē. verstümmelte abl.-formen sind die praep. pòst, ant aus *postId, *antId in *lat.* postides, antidea; ebenso ist *osk.* pert aus *per-tId abgestumpft.

6) **Locativ sing.** das loc.-suff. ist im indoeurop. urspr. I. auf *ital.* sprachboden erleidet es einlautige steigerung zu I. diesz wird erwiesen durch die *lat.* locative conson. st. wie SicyonI, CarthaginI neben *abl.* Sicyone, Carthagine, ferner durch loc. von a-st. *altl.* terrā-I, silvī-I u. a. durch antritt dieses i an den stammauslaut o entstand der diphth. oi, der sich in folge anänlichung seiner elemente zu eI trübt. auf t. B. wird dieses ei durch oi wiedergegeben, es hat demnach seine diphth. natur im osk. immer bewahrt. *beispiele:* nkenoI, altirei, pùterei-pId, mùlnikei, torei, thesavrei (c Ab.), Frontrei, Ladinei (in lat. schrift) auf münzen, comonei, comenei (t. B.). — *sab.* komenei. locc. der pron.-stamm oi-so- (oi-zo-), ē-so- sind: eisei, esei (c. Ab.), eizoi-c (t. B.). a) ist zu I verschmolzen in ekI-k vom *pron.-st.* ē-ko-, ebenso in au-ti, *umbr.* oto, u-te, *lat.* au-t aus *au-tei v. pron.-st. au-to-, und in adv. samI v. st. sa-mo-, vgl. *altl.* simI-tu. — auch hier hat das *lat.* die urspr. form weniger durchsichtig erhalten, da es oi durch *- ei stets zu ī contrahiert: domi, huni, belli, Sunii; aber noch *alt.* hei-ce, hei-c = hī-c v. pron.-st. ho-. noch frischer hat das *gr.* diese loc.-form erhalten in οἴκοι, πίδοι, aeol. μίσσοι, καί u. ä. vgl. *skr.* áçvo d. i. *áçvā-I.

Neben diesem loc. auf i haben einzelne osk. nomina einen loc. auf -im, -ın: Kerriín, hurtín (t. Ag.); dazu stellt sich der loc. eines ā-st. Níısuím (c. Ab.) und der loc. wahrscheinlich eines i-st. tacusiim (t. B.) dieses suffix -ın und voller -ım geht zurück auf die grdf. -bhjam, die in der pron. dekl. des skr. vorkommt, z. b. asmá-bhyam (dat. pl. nobis) und in gesteig. form auch in der nominalen dekl. devábhyām (instr. dat. abl. dual dis). die ital. grdf. dieses casussuff. war *fiem, woraus mit verflüchtigung des f zu h *-him, -im, osk. -ım und mit verdünnung des auslautes -in, -ın wurde. solche locc. im lat. sind istim, exim, pro-in, u. a. ein solcher loc. ist auch das osk. ortsadv. pústin = umbr. pustin, neun. posti v. pron.-st. pos-to-, und das enklit. ortsadv. -ēn (in) v. pron.-st. i-, gesteig. ei-, ī-. das suffix ital. *-fiem bewahrte aber andererseits den anlaut, liess dagegen das m schwinden. so entstand die suff.-form -fe, -fei (ci = 1) in osk. si-fei = lat. si-bei, si-bi, vgl. i-bei, i-bi; und mit schwund des auslaut. vokals -f in osk. statí-f v. gesteig. partic.-st. sta-to-, ferner in pu-f = umbr. pu-fe = lat. (c)u-bei, (c)u-bi. vgl. sub. in-f-c (ibi), umbr. tra-f (trans), volsk. as-i-f (in arā); -fem findet sich noch in umbr. vap-e-fem. Corssen Krit. N. 219 stellt für die wandelung dieses loc.-suff. folgendes schema auf:

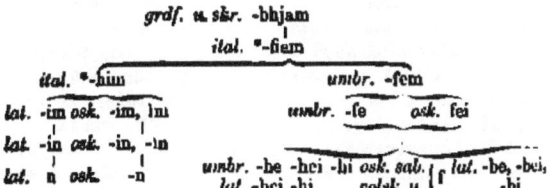

die formen -be u. s. w. kommen vor in umbr. mehe, mehei, lat. mihei, mihi. — in den obigen osk. nomina von o- und ā-st. ist der stammauslaut -o, -ā vor suff. -ım, -ın geschwunden.

7) **Nominativ plur.** das suff. des nom. plur. ist im indoeur. -ās (aus urspr. -sas), mit dem stammauslaut -ā- verschmilzt es zu -ās, welches ital. sich zu -us senkt. diese form hat der osk.

nom. plur.: Abellanús, degetasiús, [d]i)kúlús, Núvlanús, pútúrús-píd, statús. in der dem ältesten osk. angehörenden münzlegende Fistlus (Puteoli) ist ohne zweifel zufälliger mangel des diakritischen punktes im V anzunehmen. trübung des ó zu ú ist eingetreten in der jüngern form doivatus der t. B. und im *pron*. ius(-su) (idem), hier durch assimilierenden einflusz des folg. u. mit dem *osk*. übereinstimmend bildet das *umbr*. den nom. pl. seiner o-st.: *altu*. Ikuvinus, *neun*. screihtor. eine abweichende bildung nach analogie der pronomina hat *lat*. und *gr*. equi aus *equo-i, vgl. *altl*. Fesceninoe, Romanoi, foideratei u. a., *gr*. ἴππο-ι; *skr*. áçvās, *red*. áçvā-sas; *got*. dagōs, vulfós der *osk*. form genau entsprechend. — die neutra haben die form des *accus. s. d*.

8) Accusativ plur. an das casussuff. -m des acc. sg. tritt das pluralzeichen s an; -ms assimiliert sich zu *-ns, -ss; zugleich wird der stammauslaut zum ersatz für den verlornen nasal gedehnt, da -ss in der aussprache nur mehr die geltung eines einfachen (scharfen) s haben kann: feíhúss, lúvfríkúnús, leígúss. diese formen unterscheiden sich von den *lat*. fico-s, equos nur durch die dem *osk*. eigentümliche orthographie mit -ss. vgl. *altsab*. esmo-s, sorato-s, *dor*. ἵππω-ς, *gr*. ἵππου-ς mit ersatzdehnung aus *ἵππο-νς; dieses -ns ist noch erhalten in *kret*. πρειγευτά-νς = πρεσβευτά-ς, *arg*. τό-νς = τού-ς und im *got*. daga-ns; *skr*. lässt das s schwinden: áçvā-n (equos).

Die neutra acc. nom. haben das plur. suff. -ā, welches mit dem stammauslaut ă zu ā verschmilzt; dieses kürzt sich wieder zu ă und wird im osk. meist zu -ŏ geschwächt: altosk. σακορο (acc.) neben sacra, teremenniú (nom. c. Ab.) und comono (acc. t. B.). passtata steht vielleicht für passtatam (acc. fem.). acc. pl. neutr. sind ferner die pron. io-c (t. B.) und *altosk*. eka v. pron.-st. io-, t-ko-. über pa-i (qua-e) s. *pron. dekl*. — die *umbr*. neutra schwanken ebenfalls zwischen ă und ŏ (ū): *altumbr*. veskla, vesklu (vascula), *neun*. adro (atra). ā hat sich *lat*. erhalten in quinquā-ginta, propter-eā, ant-eā u. ä., auch oppidā, cetora u. a. vgl. *gr*. ζυγά = *got*. juka = *red*. yuga (*skr*. yugā-ni).

9) Genitiv plur. das suff. des gen. plur. urspr. -ām verschmilzt mit dem stammauslaut -ă- zu -ām und dieses -ām geht *ital*. in -om über. diese älteste gestalt des *ital*. gen.-suff. ist

altosk. nur einmal in *Λουκανόμ* erhalten. sonst ist -ō m stets zu -n m getrübt: *Μαμερτινουμ*. Kupelternum, Alafaternum, Degvinum, Nuvkrinum; Abellanum, Nùvlanum, pùturú(mpid); nesimum, [m]esinum. obiges *Λουκανόμ* steht auf der stufe von *altsab.* Anasiùm (Annaeorum), *volsk.* Volestrom, *altl.* Romanom, sovóm und mit schwund des m Romano, Calenó, ebenso *ncvu.* Atiersio = *altu.* Atiieria. die gewöhnliche *osk.* gen.-form correspondiert mit *lat.* liberùm, deùm. jünger ist die aus der pron. dekl. herübergenommene gen.-form *altl.* duonó-re(m) = bono-rùm, die im jüngern *lat.* zur herrschaft gelangte. — nomina mit suff. -io- bilden contrahierte gen.-form auf -ìm (aus -i-óm): Aiserulm, Vaamuolm (?), Safiulm, ùinim. — vgl. *gr.* ἵππ-ων, *skr.* áçvā-n-ām (mit stammerweiterung durch n), *got.* dagē aus *dagêm, grdf. *dagām.

10) **Dativ, Ablativ** plur. das casus-suffix des dat. abl pl. ist im *indoeur.* -bhjas (*skr.* áçve-bhyas) aus grdf. *-bhjam-s, d. i. -bhjam (dat.-suff. der pron.-dekl. im *skr.* vgl. *oben den loc.*) + pluralzeichen -s. die *ital.* grdf. des suff. -bhjas ist *-fies. indem das labiale element des f schwand und auch das übrigbleibende h sich verflüchtigte, entstand die *ital.* endung -is, die mit dem auslaut der o-st. sich zu -ois verband, -ois aber trübte sich *osk.* regelmässig zu -ois. nur eine münzaufschrift des ältesten *osk.* hat Fistluis mit reinem diphth. oi. dative sind: Maatùis, Kerriùis (t. Ag.), ligatùis, Nùvlanùis (c. Ab.), ablative: dekmanniùis (t. Ag.), feihùis (c. Ab.). in der umschreibung durch lat. schrift tritt der reine diphth. wieder hervor: *altl.* zicolois, nesimois, pron. eizois (t. B.). die selbe urspr. frische wahrt das *sab.* suois, cnatois (natis), Iovieis, Puclois. den *osk.* formen auf -òis am nächsten stehen die *altl.* olocs, priviclocs (privis). der gewöhnliche ausgang des *altl.* abl. ist -ei-, indem der themavokal dann i der endung sich teilweise assimilierte: leibereis und daraus die jüngere form auf -is: liberis. diese form zeigt auch das *volsk.* vesklis (vasculis), das *umbr.* hat ē ī ei, *altu.* meist ē: vesklēs, *new.* vesklir, Vehieir, Vehier. — der ausgang des dat. abl. plur. der o-st. nimmt demnach im *ital* folgende gestalten an:

§. 18. Deklination der ā-stämme.

1) **Nominativ sing.** die femin. ā-stämme der indoeur. sprachen sind eine abart der nomina masc. auf -a. durch steigerung des stammauslautes a zu ā war das mittel gegeben bei den a-st. die nomina femin. von den nomina masc. zu unterscheiden. im skr. bilden beide noch eine deklinationsklasse; erst der graeco-italische sprachstamm hat durch umlautung des ā zu ō eine besondere o-dekl. geschaffen, welche sich von der femin. ā-deklin. scharf absondert: skr. açva-s, equo-s, fem. açvā, equā. der nominativ der ā-st. hat kein casussuffix; wahrscheinlich ist jedoch eine urspr. grdf. *akvā-s (equae) anzusetzen. die kürzung des stammauslautes ā im nom. des gr. lat. ist ein secundärer lautvorgang, der im gr. häufig (χώρα, γλῶσσα), im späteren lat. immer eingetreten ist, während das ältere lat. noch zahlreiche nominative auf -ā wahrt, z. b. famā, terrā. noch um einen schritt weiter geht das osk., welches das aus ā gekürzte a schon in den ältesten inschriften zu u schwächt. nur in der altosk. münzlegende A l i f a und in d i u v i a hat sich a gehalten. beispiele: Τωfρο, Μαμερτινο; viú, múiniku, uruvú; allo, ancensto, egmo, molto, touto, toutica, famelo; Vitelíú: pron. iúk, ioc, otanto; in fiisnu des c Ab. ist wol zufälliger verlust des diakrit. punktes anzunehmen. altu. hat a und u, nenn. o: muta, mutu (multa); toto; sub. regema, pia, lovia. die urspr. a-st. sab. Cerię aus *Ceriā, lat Heriē (vgl. acc. Heriem), Neminie, umbr. kvestretie (nom oli abl quaestura) sind in die ē-dekl. übergetreten. osk. und volsk. zeigen von einem solchen vorgang keine spur.

2) **Accusativ sing.** das acc.-suff. -m tritt an den stammauslaut ā an. die pron.-form paam einer ältern inschrift scheint darauf hinzuweisen, dasz wenigstens im altosk. kürzung des thema-vokals in diesem casus noch nicht eingetreten ist. beispiele: Abellanam, alttram, Núvlanam, fiisnam, viam; eítiuvam, úpsannam, sakapam, úlam, aram; eituam, moltam, toutam; pron. pam —

paam (quam). fem. acc.-formen sind ferner das adv. σ*Fαμ* v. refl.
pron.-st. sva- und die conjunct. pan, proterpan mit verdünnung des m zu n. wärend noch auf t. II. das auslautende m sich ohne ausnahme hält, zeigt eine andere jungosk. inschrift teilweisen schwund desselben. neben pùnttram, Staf[i]anam finden sich dort die acc. iúviiu, ka.fla, Púmpaiiana, via. vgl. *umbr.* asam, aber meist mit schwund des m: muta, *sab.* wie *osk.* eituam, suam, venalinam (venaliciam); *gr.* χώρα-ν, γλῶσσα-ν (ν lautgesetzlicher vertreter von auslautend. μ), *skr.* áçvā-m, *got.* gibā.

3) **Genitiv sing.** das gen.-suff. urspr. -äs verschmilzt mit dem stammauslaut -ā- zu -ās: eituas, vereias, maimas, multas, moltas, [touti]cas. diesen *osk.* gen. entsprechen *sab.* Ioviās, *altu.* tutas Liuviniīs = *neuu.* totar Iovinar; *altl.* vias, familias; *dor.* γλώσσας, *gr.* γλώσσης, *got.* gibōs. die jüngere *lat.* gen.-form ist von hause aus ein locativ auf -ī, der, als die genitive auf -ās auszer gebrauch kamen, ihre function übernahm: *altl.* magnāī, aquāī, filiāī, daraus magnai, magnae. *skr.* hat mit j erweiterten stamm: áçvā-y-ās (equae).

4) **Dativ sing.** das dativsuff. ī (aus urspr. ai, *s.* §. 17. *4.*) verbindet sich mit dem stammauslaut -ā zum diphth. ai (urspr. āi), welcher im *osk.* durch anänlichung des i an a durchweg leise trübung zu a\ zeigt: Ammaī, Anterstataī, Genetaī, Deívaī, Entraī, Kerríaī, Patanaī, Pernaī, Pilstiaī, Flousaí (L Agn.); vereiiaí, Púmpaiianaí, Herukinai. *sab.* läszt den diphth. ungetrübt: toutai, totai, Maroucai, desgleichen das *altl.* fileai, Loucinai, qurai. woraus durch trübung die gewöhnliche form curae hervorgieng. daneben finden sich im *provinc. altl.* auch Feroniā, Loucina, Fortuna, Matuta, *falisk.* Menervā, vgl *gr.* χώρα; andererseits verschmolz -ai *altl.* bisweilen auch zu ē: Victorie, Vesune, Fortune, ebenso *volsk.* Vesunē, *falisk.* Abelese, Plenesē, *altu.* tutē Ikuvinē = *neuu.* totē Iiovcinē und so *umbr.* immer; das *osk.* steht mithin in der mitte zwischen dem *altl. sab.* (fileai, toutai) und dem jüngern *lat.* (fileae). vgl. *got.* gibai aus *gibā-i, red. *áçvāi, *skr.* mit stammerweiterung áçvā-y-āi.

5) **Ablativ sing.** das abl.-suff. urspr. -at verschmilzt mit dem stammauslaut -ā zu -āt, das *ital.* zu -ēd sich erweicht. Im *osk.* ist das auslautende d dem schwund nicht unterworfen: môl-

nikad, eitiavad, multasikad, Akudunniad; *jünger* egmad, toutad, imād-en. *pron.* sind poizad, suvad, ekhad; fem. abl. sind ferner die praep. e h t r a d (c. Ab.) und d a t (t. B). bemerkenswert ist im letzten beispiele die erhaltung des urspr. t. über den ausfall des d (t) in e kü- k , e xā- c , eis a - k , eizā- c *s. dckl. d. pron.* — diese altertümliche ablativform wahrt das *altl.* nur mehr in einzelnen beispielen: praidād, sententiad, eid, exstrad, suprad, woraus durch schwund des schwach auslautenden d sich die üblichen formen praedā ergeben. *umbr.* kennt nur diese jüngere form: *altu.* tutā Ikuvinā == *neuu.* tota(-per) liovinā dem *skr. gr. got.* fehlt der fem. abl. auf - a t (*vgl. §. 17. 5*).

6) **Locativ** s i n g. das loc.-suff. *ital.* 1 (*s. §. 17. 6*) bildet mit dem stammauslaut -A- den diphth. - a i , der sich wie im dativ zu - a i trübt: a a s a i p u r a s i a i (t. Ag.), v i a i m e fi a l (c. Ab.); auf t. B. geht er wie im *lat.* (Romae) in -ae über: D a n s a e. ein pronom. loc. ist [e]isai (c Ab.). eine fem. loc.-form ist ferner die conj. s v a i , auf t. B. s u a e = *umbr.* svē, sē, *lat.* si v. refl. pronst. sva-, und die praep. prae- in p r a e f u c u s u. a. von fem.-st. prā- wie *lat. osk.* prei-, prī- in primo, privato, preivatud v. masc. st. prā-, vgl. *altl.* prai. *altl.* loc. sind: Romai, Asiai, Syriai, jünger Romae; wie diese formen später als genitive verwandt wurden, ist oben erwähnt. diesem *osk. lat.* loc. entspricht die *gr.* form χαμαί (humi); *ved.* áçve d. i. *áçva-i (skr.* áçvā-y-ām). *umbr.* hat wie bei den o-st. eine abweichende bildung auf -mem (Akerunia-mem) aus - fem. über dieses und den *osk.* fam. loc. fīlsnīm *s. §. 17. 6*.

7) **Nominativ** p l u r. der auslaut ist *osk.* -ās, entstanden aus themavokal -ā + suff. des nom. pl. -ās (*s. §. 17. 7*): asas, scriftas, aapas (?), und pron. ekas-k, pas. in übereinstimmung mit dem *osk.* bildet das *sab. umbr.* diesen casus, das *neuu.* erweicht den auslaut zu r: sab. asignas (insignia), aviatas (circumvectae), *altu.* urtas (ortae), *neuu.* motar. die selbe formation zeigt *got.* gibōs, *skr.* áçvās (ved. áçvā-sas mit der urspr. vollen endung wie im masc.). *lat. gr.* haben eine dem nom pl. der o-st. analoge bildung auf -i: *altl.* arai, literai, woraus das jüngere arae, *gr.* χῶραι.

8) **Accusativ** p l u r. wie bei der o-dekl. so geht auch hier das casussuff. *-ma, *-ns in -ās über: v i ā- ss , pron. ekā-ss ; daneben das jüngere e i t u ā- s. vgl. *lat.* viā-s, *gr.* χώρα-ς aus

*χώρα-ις, skr. áçvā-s, got. gibō-s. umbr. hat eine abweichende bildung mit suff. -f (vitlaf vitulas), das ohne zweifel locativen ursprungs ist. damit bildet es den acc. plur. aller vokal. und conson. stämme.

9) **Genitiv plur.** nur zwei beispiele belehren uns über die osk. form dieses casus: egmn̄-zum und pron. eizā-zun-c, beide auf t. B. diese gen. sind gebildet wie die lat. gen. der ā-dekl. (menšā-rum), nämlich mit der aus der pron. dekl. entlehnten endung ursprünglich und skr. -sām (z. b. pron. dem. gen. pl. f. ā-sām). im lat. ist das s wie in der regel zwischen vokalen zu r erweicht. die neuosk. formen haben die übergangsstufe von s zu r, das weiche z; wir dürfen demnach für das altosk. genitivformen wie *egmā-sum ansetzen (vgl. den pron.-st. altosk. ei-so-, neuo. ei-zo-). das aus ā, *ō getrübte u hat sich in der sprache der t. B. dem lat. analog wahrscheinlich zu u gekürzt. umbr. hat wie lat. -rum, meist aber mit schwund des m -ru: pracatarum, mensaru (mensarum). vgl. hom. ἀγοράων, gr. χωρῶν aus *χωρά-(σ)ων. im got. treffen wir die endung urspr. -sām in der starken dekl. der adj. z. b. m. n. blindaizē, fem. blindaizō (blinder), und in der pron. dekl. z. b. m. n. izē, fem. izō (ihrer), wärend die subst. die endung -ām haben, fem. gibō aus *gibōm. vgl. skr. áçvā-n-ām mit stammerweiterung durch n.

10) **Dativ, Ablativ plur.** der diph. ai, welcher durch antritt der ablat.-endung -is (aus urspr. *-bhyams, -bhyas, z. §. 17. 10) entstand, wird zu ai getrübt: Diumpais, Kerriiais, Fiuusasiais, dative der t. Ag. in der lat. schrift der t. II. tritt der reine diphth. ai wieder hervor: exais-c-en, abl. v. pron.-st. exo-, wahrscheinlich auch eiza[i]s-c. das lat. hat hier wie in der o-dekl. den diphth. erst zu ei geschwächt und dann zu ī zusammengezogen: altl. taboleis, publiceis, woraus das gewöhnliche publicīs. umbr. hat -ais zu -ēs, -īr zusammengezogen: plenasiēr, dequrier. vgl. skr. áçvā-bhyas (fem. equis); das got. behielt von der ganzen endung *-bhyams nur das m: dat. f. gibōm aus *gibōms wie in der ā-dekl. dagam aus *dagams. nicht hieher gehört der gr. dativ χώραι-ς aus χώραι-σι wie in der o-dekl. ἀνθρώποι-ς aus ἀνθρώποι-σι, eine locativform mit der endung *-σσι, *-σfι, urspr. -sva.

§. 19. Deklination der i-stämme.

1) **Nominativ sing.** casusformen von i-st. sind in den osk. inschriften sparsam vertreten; so können wir denn auch für den nom. sing. nur zwei beispiele anführen: aidil, ceu-s. in aidil ist das nominativzeichen s sammt dem thematischen i geschwunden wie in *lat.* vigil, pugil und nach r in par, acer neben puri-s, ucri-s, *umbr.* ukar, ocar neben *lat.* oc-ri-s. in ceu-s, *lat.* civi-s, ist der stammauslaut vor dem casussuffix geschwunden, änlich wie er im *lat.* nach t, d in einer zalreichen klasse von nomina ausgestoszen wird, wodurch diese in die conson. dekl. übertreten, z. b. in Mar(t)-s, fron(d)-s, lime(t)-s, *acc.* limit-em = *osk.* limitom, ariet-em = *umbr.* criet-u. vgl. *got.* m. balg-s, *fem.* anst-s aus *balgi-s, *ansti-s neben *gr.* πόσι-ς, *skr.* pati-s.

2) **Accusativ sing.** vor der acc.-endung -m trübt sich der themavokal i zu ì: *fem.* slagìm, tiurrì, vielleicht auch dekkviarìm. tiurri findet sich in einer späten pompej. wandinschrift; für den *spätosk.* abfall des acc.-suff. m sind auch bei der ā-dekl. mehrere beispiele angeführt worden. tiurri(m) entspricht genau *lat.* turrim. wie hier das thematische i frühzeitig sich zu e getrübt (das osk. slagìm, tiurrìm bildet dazu die übergangsstufe) und dadurch der acc. sing. vieler i-st. in die conson. dekl. übergegangen, ist bekannt: navem neben navim, urbem, omnem von st. urbi-, omni- u. s. w. vgl. *gr.* πόσι-ν, *skr.* pati-m. *got.* hat die endung sammt stammauslaut abgeworfen: balg aus *balgi-n.

3) **Genitiv sing.** der stammauslaut i wird zu ei gesteigert, das sich zu ei trübt. nach diesem ei schwindet der anlaut der gen.-endung -as: *fem.* Lùvkanateis, Herenteteis. Fuțreis ist nur conjectur aus der inschriftlichen lesart fuțre*e. nach analogie dieser gen. bildet der pron.-st. pi- den gen. pieia in der steigerung des themavokals weicht diese osk. gen.-formation von der *lat.* ab, wo die endung -(u)s an das ursprüngl. I tritt: puppi-s, urbi-s, stimmt aber mit mehreren verwandten sprachen. so hat das *skr. fem.* ave-s. d. i. *avai-s vom st. avi- (ovi-s), aber *ved.* wie im *lat.* ohne steigerung ary-ás v. st. ari- (feind); ebenso *got. fem.* anstai-s v. st. ansti-; *gr.* πόλε-ως d. i. *πολεj-ως neben *ion* πόλι-ος, jenes mit, dieses ohne steigerung. die *umbr.* gen. laszen es zweifelhaft, ob sie der osk. oder der *lat.* bildung

gefolgt seien, ob ocrēr d. i. *ocreis oder ocrēr d. i. *ocrī-e anzusetzen sei. *osk*. hat von i-st. die gen. pacris (pacilcri), Tariscri-s, ocre-s (montis), welche der *lat.* bildung zu folgen scheinen. ocre-s wäre aus *ocris durch trübung des i entstanden.

4) Dativ sing. dat. fem. sind: Herentate), Fuutre), Futre). die entstehung dieser formen kann man sich auf zwei arten erklären: an den kurzen stammauslaut i trat das dativsuff. -ei (§. 17. 4.) und veranlaszte den ausfall des themavokals; aus *herentati-ei wäre durch die zwischenstufe *herentatj-ei (vgl. *skr. dat. fem.* ávy-ãi v. st. avi-) *herentatei, Herentate) geworden. oder aber das aus -ei entstandene dativsuffix -ī (vgl. §. 17. 4, 18. 4) trat an den wie im genitiv gesteigerten stammauslaut -ei- und verschmolz mit demselben zu -ei, mit trübung -ei. dieser hergang scheint mir der von der sprache eingeschlagene weg zu sein und auch durch vergleichung mit dem *skr.* gerechtfertigt zu werden. die *osk.* gnll. *herentatei-ei entspricht genau *skr. dat. m.* kavíy-e, *fem.* ávay-e, d. i. *kaviy-ai, *úvay-ai v. st. kavi- (dichter), avi- (ovi-s). aus *herentatei-ei wurde durch *herentatei-ī, *herentatei Herentate). dieser form entsprochen die *lat.* dative wie urbei, woraus durch die gewöhnliche contraction urbī entstand, ebenso Martei, Martē und Martī. das *umbr.* zieht den diphthongen -ei immer zu ē zusammen: sakrē, Casilatē.

5) Ablativ sing. nach ausweis der verwandten sprachen ist auch vor dem abl.-suffix -d (urspr. t) steigerung des stammauslautes i eingetreten; das *-eī- hat sich aber stets zu -ī (ī) getrübt: slaagid, prupukid, screvkid, praesentid von part.-st. praes-ent-i-. vgl. *altl.* marīd, navalēd, omnei, partei; *sak.* Flusarē; *umbr.* hat vorwiegend ī, vereinzelt auch ei. e: ukri, ocre, peracri, peracroi; durch letztere form wird auch für diesen dialekt die länge des stammauslautes gesichert. im *umbr. lat.* bezeichnet das ei wie so oft den langen mittellen ī, urspr. aber den wirklichen diphthongen ei.

6) Locativ sing. wahrscheinlich gehört hieher tacusi-im. s. §. 17. 6.

7) Für den ganzen plural ligt nur der nom. aidilī-s und der gen. Tiiatium vor. das ī in aidilī-s ist lang angesetzt nach analogie des *lat.* nom. plur. der i-st. vgl. *altl.* oeiveis, fineis und finīs, puppīs neben puppēs, omnēs u. s. w. das *umbr.* hat -ē-s:

puntŕs, pacrŕr. Corssen (*Ausspr. I. 748.*) erklärt die länge des ausganges ī, ū, ei durch verschmelzung des stammauslautes ĭ mit dem anlaut e des nom.-suff. *ital. gr.* -ĕs (urspr. -as), da aber vor den casussuffixen des sing. so häufig steigerung des i eingetreten ist, da dieselbe auch im nom. pl. der *gr.* i-st. (πόλει-ς aus *πό-λεj-ες* neben *ion.* πόλι-ες) und im *skr.* (pátay-as neben *ved.* ary-às hostes) erscheint, so ligt es wol näher mit Schleicher das ei als gesteigerten stammauslaut zu betrachten, nach welchem der anlautende vokal des casussuff. geschwunden ist. ī, ū aber ist wie gewöhnlich aus ei zusammengezogen. — zu gen. Tiiati-om vgl. *umbr.* peracni-o(m), *lat.* civi-um, *ion.* πολί-ων.

§. 20. Deklination der u-stämme.

Von der u-dekl. sind nur geringe reste erhalten, nämlich der *acc. sg.* manim, der *abl. sg.* castrid u. der *gen. sg.* castrous. manim, castrid sind durch vokalverschleifung entstanden aus *manu-im, *castru-id, wie *osk.* b-im aus *bu-im, *bov-im, vgl. *umbr.* bu-m (βοῖ-ν) ebenfalls aus *bu-im, *bov-im. das casussuff. hat hier die sonst nur in der conson. dekl. gebräuchliche vollere form -im, *lat.* em, urspr. -am. auf die selbe weise ist *umbr.* s-im aus *su-im = su-em entstanden. zu *osk.* castrīd stellen sich *umbr.* mani, treff u. a. aus *manu-id, *trefu-id. der anlaut des abl.-suffix -id aus urspr. -at verband sich in diesen *osk. umbr.* formen mit dem stammauslaut zum diphth. -ui-, der sich zu -i- verschliff. das *lat.* zog dieses -ui- in -o- zusammen: *altl.* magistratod und mit schwund des d magistrato.

In gen. sg. castrou-s ist der stammauslaut ă zu ou gesteigert; vor diesem ou schwindet der vokalische anlaut des casus-suffixes -es, urspr. -as. die selbe steigerung im gen. sg. der u-st. zeigt *skr.* sunó-s = *got.* sunau-s v. st. sunu- (sohn), *umbr.* trifo-r v. st. trifu- (tribu-s), *gr.* ohne steigerung νέκυ-ος vielleicht aber auch für *νέκυϝ-ος; *altl.* mit kurzem stammauslaut senatŭ-os, senatŭ-is, daraus durch vokalverschmelzung senatōs, senatī; daneben domu-us, exercitu-us, magistratu-us, magistratu-os, *falisk.* zenatu-o(s). auch das *red.* hat genitive ohne steigerung: paçv-ás von stamm paçu- (pecu-s).

§ 21. Deklination der consonantischen stämme.

1) **Nominativ sing.** das nom.-suff. -s hat sich erhalten in meddis-s, meddi-s, meddi-s aus der grdf. *meddeik-s. vgl. *lat.* vox d. i. *voc-s = *skr.* vak, lautgesetzlich für *vach-s, grdf. *rak-s. der stammauslaut k hat sich dem casussuff. -s assimiliert und ist dann spurlos geschwunden, da auslautendes -ss in der aussprache nur die geltung eines (scharfen) s haben konnte. — das -s ist geschwunden nach r des suff. -tor, *osk.* -tur wie in den verwandten sprachen: embratur, keenzstur, censtur, kvaisstur wie *lat.* quaistor, *umbr.* kvestur aus grdf. ital. *kvais-tor-s. vgl. *lat.* da-tor, *gr.* δο-τήρ, *skr.* dā-tā aus *da-tar-s mit ersatzdehnung; ebenso *ital.* pa-ter, *gr.* πα-τήρ, *got.* fa-dar, *skr.* pi-tā, grdf. indoeur. *pa-tar-s. — ohne casuszeichen blieben die mit suffix -f gebildeten *osk.* nom. fem. tribarakkiuf, fruktatiuf, ùltiuf (vgl. acc. ùltiùm nach der o-dekl.) und *neutr.* esuf.

2) **Accusativ sing.** das in der vokalischen dekl. zu m abgestumpfte acc.-suff. urspr. und *skr.* -am tritt an die consan. st. unverkürzt an, indem es auf ital. sprachboden einerseits (*osk. umbr.*) zu -om, andererseits (*lat.*) zu -em geschwächt wird: *masc.* lìimitù[m], *fem.* medicatinom, tanginom. *umbr.* ist das auslautende m stets geschwunden, *altu.* uhtur-u, *neuu.* arsfertur-o. ein synkopierter acc. der cons. urspr. der i-dekl. ist Velliām für *Velbūt-'m v. st. velliūt(i)-. das *neutrum* hat wie in den verwandten sprachen kein casussuffix: esuf, essuf. indem das *lat.* suff. -am zu -em sinken liess und zu gleicher zeit in der i-dekl. den ausgang -im zu -em trübte, hat es die i- und die cons. st. im acc. wie in andern casus mit einander vermischt. es ist ein vorzug des *osk.*, dass es hier wie im abl. die beiden deklinationsklassen strenge aus einander hält. das *gr.* hat ν (urspr. μ), das *got.* die ganze endung eingebüszt: fijand; φέροντ-α = *skr.* bhárant-am.

3) **Genitiv sing.** den gen. der cons. st. bildet das *osk.* nach analogie der i-st. (s. § 19, 3): *masc.* lùvels, medikeis; *fem.* maatreis, auf t. B. carneis, tangineis. in den verwandten dialekten tritt das aus urspr. -ās abgeschwächte gensuff. -ēs, -is an den cons. stammauslaut an; *sab.* patr-ēs, Iov-es, *altl.* Apolon-es, Salut-es neben salut-is, auch Vener-us, Cerer-us, patrus u. s. *gr.* φέροντ-ος = *skr.* bhárat-as.

4) **Dativ** sing. an den cons. stammauslaut tritt die dativendung im *ältesten* osk. -ei, *altosk.* -ei (aus urspr. -ai s. §. 17, 4): *Fερσορει, ΔιοϜει* neben Diúvei, *Αππελλουνηι* (ηι = ēi), Hereklei (neben Hereklúi nach der o-dekl.), Vezkei, paterei, Rognaturei; sverrunei, kvaist[u]rei, medikei; *fem.* liganakdikei. einmal ist -ei zu I contrahiert: *fem.* Kerri. — das *altl.* hat neben einander: Apolenei, Iuuonei, patrei; Apolonē, Iunonē, iourē, patrē; patrī u. s. w. *sab.* Novesede, *umbr.* -ē, selten -I: Martē, MartI, patr-ē = *skr.* pitr-é d. i. *pitr-ai.

5) **Ablativ** sing. suffix urspr. -at schwächt sich zu -ōd, im *jüngern* osk. zu -ūd: *fem.* tanginūd; tanginud, ligud. das osk. scheidet auch in diesem casus die conson. st. deutlich von den i-st., während das *lat.* den abl. sg. der conson. st. nach analogie der i-st. bildet. so stehen *altl.* neben einander: airīd, coventionīd, [no]mnīd; nomini, airē, patrē, virtutai, virtutē, foiderē, woraus durch kürzung die gewöhnlichen formen foederē u. s. w. hervorgiengen. die *umbr. sab.* abl. entsprechen den lat. der klass. zeit: *umbr.* natiue, carne, nomne; *sab.* agiue (agonio), mesene (mense), bie (bove).

6) Für den **locativ** eines conson. st. ist kein beispiel vorhanden.

7) **Nominativ** plur. die endung -ăs stumpft sich durch *-es zu -s ab: μεδδειξ, meddis-s. nach dem stammauslaut r schwindet auch das s, so dasz im nom. plur. der reine stamm zum vorschein kommt: kenzsur, *jünger* censtor. wahrscheinlich ist der nom. plur. dieser nomina auf -tor vom nom. sing. für das ohr dadurch geschieden worden, dasz im nom. sg. der vokal des suffixes sich kürzte, im nom. pl. aber seine urspr. länge bewahrte. wie sich das nom.-suff. urspr. -ās beim antritt an auf andere consonanten auslautende stämme verhielt, kann bei dem gänzlichen mangel an anderweitigen beispielen nicht festgestellt werden. auch das *umbr.* weist nur zwei nom. pl. der cons. dekl. auf: fra-ter (fratres) ebenfalls mit völligem schwund der endung, und Tudor-or, -or *nenu.* für -ōs, urspr. -ās. dem osk. μεδδειξ entspricht *volsk.* medix, *sab.* lixs (legēs) d. i. *lic-ss aus *lig-s. diese schreibweise lixs für *lix erweist, dasz diesem auslautenden -s eine scharfe aussprache eignete. das *lat.* bildet diesen nom. nach analogie des nom. plur. der i-dekl. oder des acc. plur. der

V

cons. dekl. — vgl. *got.* fijand-s, man-s, *lat.* ferent-s, *gr.* φέροντ-ες = *skr.* bhárant-as. — das *neutrum* hat die form des acc.

8) **Accusativ plur.** das einzige erhaltene beispiel teremniss zeigt, dasz der acc. pl. der cons. st. nach analogie des acc. pl. der i-dekl. gebildet worden ist. denn der ausgang -ess (grdf. *-ins) kann urspr. nur den i-st. zugekommen sein. die casusendung -ns ist ebenso zu -ss assimiliert worden wie im acc. pl. der o- und a-dekl. vgl. *lat.* omnī-s, und mit trübung des stammlautes zu ei (= ī), ē omneis, omnēs. der vokal wurde vor dem casussuffix gedehnt. — ein acc. pl. neutr. ligt vor in petiropert, petiru-part, petora bei Festus. das suffix des acc. nom. pl. der cons.-st. -ā hat sich erst zu ā gekürzt und dann zu ŏ, ĕ getrübt. petora kann aus *petoro latinisiert sein. die länge hat sich gehalten in *lat.* quadr-ā-gintī, *altl.* verberā u. a. das casussuffix ist ganz abgefallen in quattuor, vgl. *gr.* τέσσαρ-α.

9) **Genitiv plur.** das casussuffix urspr. -ām geht durch -ŏm in -ŭm über: *masc.* ner-ŭm. im *lat.* hat es sich durchweg zu -ŭm gekürzt: patr-ŭm. da das osk. so vielfach die urspr. gestalt der casussuffixe treuer bewahrt hat als das *lat.*, so dürfen wir ihm wol auch hier die urspr. länge laszen. vgl. *altumbr.* fratrum, *nenn.* fratrom, *gr.* φερόντ-ων = *skr.* bhárat-ām.

10) **Dativ Ablativ plur.** die endung ist wie bei der o- und ā-dekl. -s aus urspr. -bhjas, s. §. 17. 10. wärend sie dort mit dem stammauslaut zu den ausgängen ois, ais verschmolz, bleibt sie hier beim antritt an den cons. stammauslaut unvermischt: *abl. fem.* ligīs, *dat. m.* Anafrīss. das i hat sich im *altosk.* zu) getrübt, tritt aber auf der t. B. wieder rein hervor. die geminierung des s kann nur in falscher analogie mit dem acc. plur. ihren ursprung haben. — das *lat.* hat die urspr. endung -bhjas einerseits wie das *osk.* zu -īs, andererseits in der i-, u- und cons. dekl. zu -bus zusammengezogen, indem bh zu *ital.* f und dieses zu *lat.* b sich verschob: legi-bus, bisweilen auch in der o-dekl.: di-bus, fili-bus, amici-bus; entlich gestaltete -bhjas sich zu -bis in der pron. dekl. no-bis. die cons. dekl. des *umbr.* hat -us aus *fus: fratrus = fratribus = *skr.* bhrātṛ-bhyas. — das suffix -bhjas erleidet demnach auf *ital.* sprachboden folgende wandelungen (*Corssen, Krit. N. 216*):

§ 22. Deklination der pronomina.

Vor allem charakteristisch für die pron. dekl. ist das suffix -t des acc. nom. sg. *neutr.*, das z. b. in *skr.* ta-t (es), *got.* tha-t-a = *ahd.* da-z erscheint. in *ital.* sprachgebiet hat nur das älteste osk. dieses t unversehrt erhalten: ϰω-τ, ισο-τ; später erweicht es sich überall zu d: pú-d, po-d = *lat.* quo-d; pì-d = qui-d, aber noch pitpit *(bei Festus)* = quidquid; ìd(ik), id(-ic) = id. — der acc. nom. *neutr. plur.* hat ein casussuff. i, das sich auch in der pron. dcklin. des *skr.* findet: tá-n-i *ea*: pa-ì = *lat.* qua-i, qua-e; vgl. ha-i-ce, ha-e-c neben ante-hā-c, aliquā. — der loc.-ausgang -eí ist in ì zusammengezogen in ekìk. — vor enkl. -k, -ce, -c schwindet abl. d überall: eizu-c, eiza-c neben elsūd u. a.; ebenso vor -pìd in pùkkapìd, pocapit. -m hat sich vor dem selben -c zu -n verdünnt in ion-c, eizazun-c. — pi-s, pi-m, pi-ei entsprechen *lat.* qui-s, que-m (für *quim) und *altl.* quoi-ei, woraus das spätere cui entstand. — die übrigen casusformen der osk. pronomina sind nach der nominalen dekl. gebildet und bei dieser erläutert worden.

Uebersicht der pronomina.

I. Pron.-st. i und die von ihm abgeleiteten formen.

1. Einfacher pron.-st. i: a) nicht gesteigert.

	masc.	neutr.	fem.
nom.	ìsìdum, ìsìdu, isìdu	idìk	
	izic		
acc.		idic	

b) gesteigert.

nom. œidum, esìdu

c) mit o (ā) erweitert.

	masc.	neutr.	fem.
nom.	†iusru		iūk, ioe
acc.	ione	† ioe	
abl.			iak, iace?

2) Zusammengesetzter pr.-st. i (ci, č): a) mit -so (sā).

	masc.	neutr.	fem.
acc.		esoe	
gen.	eiseis	eiseis	†cisasune
abl.	eisucen, †eizois	eisìd, cisne	eisak, eizae, feisa(i)se
loc.	ciscic	eiset, esci	|e|isai

b) mit ko (ka).

	masc.	neutr.	fem.
nom.			†cknsk
acc.		†eka	†eknss
abl.			ekak, ekbad
loc.		ekik	

c) mit ko (ka) und so (sa).

	masc.	neutr.	fem.
abl.		eksuk	exac, †eraiseen
loc.		excic	

d) mit tanto (tantā).

	masc.	neutr.	fem.
nom.			etanto

II. Pron.-st. po (pā) und die von ihm abgel. formen.

1) Einfacher pron.-st. po (pā).

	masc.	neutr.	fem.
nom.	†pùs	pūd, pod, †pai	pai, paei, pae, †pus
acc.		sae	paam, pam
abl.		pod	

2) Zusammenges. pron.-st. po: a) mit so (sa) und t (ei).

	masc.	neutr.	fem.
abl.			poisad

b) mit ko (ka).

	masc.	neutr.	fem.
abl.			pàkkapid, pocapid, pocapit

c) mit ollo (ollā)

	masc.	neutr.	fem.
abl.			|p|allad

III. Pronominalstamm pi.

	masc.	neutr.	fem.
nom.	pis	pid, pilpit	
acc.	phim	pid	
gen.	pieisum		
dat.	piei		

IV. Reflex. und possess. pron.-st. *sva.

acc.	siom	σFαμ
gen.	suvais	
dat.	sifei	
abl.		suvad
loc.		sval, ruas

V. Pronominalstämme allo-, altro-, potoro-.

nom.	†pùtùrùspid	allo
acc.		alttram
gen.	†pùturu'(mpid]	
dat.	altrei	
abl.	atrud	
loc.		alttrei, pùtereipid

Anm. Die pluralformen sind durch ein vorgesetztes †, die formen der t B. durch *cursive* schrift bezeichnet.

— LXX —

§ 23. Paradigmata zur nominalen deklination.

I. â-stämme.

	Oskisch	Neu. d. i. R.	Sabell.	Altumbr.	Neuumbr.	Volsk.	Altlat.	Griech.	Gotisch	Sanskrit
sg.	abellano-	sicolo-	ousto-	puplo-	poplo-	devo-poplo-	-loso-	vulfa-	çiva-	
nom.-st.										
sg. nom.	Abellanus	sicol		*puplus	poplos		populo(s)	λύκος	vulfs	çivas
acc.	Abellanom	sicolom, un	casto(m)	puplum	poplom		populo(m)	λύκον (sac)	vulfa	çivam
gen.	Abellanis	sicolos		pople(s)	pople(s)		populi	λύκοιο	vulfis	çivasya
dat.	Abellanoi	*siolol	casta	pople, i	pople, el, i	deve	populoi, ai	λύκω	vulfa	çivaya
abl.	Abellanod	dicelid	casto, a	puplu	poplu	duvo	puplod, o	[λύκως]	—	çivat
loc.	Abellanei	sicuid	castid	puplume(m)	poplu		poplei, i	[οἴκοι]	—	çive
ins.	—	—	—					[εὐφρόνως]		çivena
voc.	—	—	—	puple	pople		popule	λυκε	dat. vulfa	çiva
pl. nom.	Abellanus	siculus		puplus(s)	poplor		populei, i	λύκοι	vulfos	çivas
acc.	Abellanos	*siolos	casta	puplus(f)	pople(f)		poples	λύκους	vulfans	çivan
gen.	Abellanum	sicalum	casten	puplum(m)	poplo(m)		populo(m)	λύκωμ	vulfe	çivanam
d. i.	Abellanois	siolols	castols	pople(f), is	pople(r), is, eir	deve	populeis	λύκοις	vulfam	çivebhyas
loc.				popluto(m)	poplofc(m)					çivebhu
ins.										çivais

duel. griech. n. a. λύκω, g. d. λύκοιν, abv. n. a. çivau, g. l. çivayos, i. d. ab. çivabhyam.

Neutra der ā-deklination.

	Oskisch	Sabell.	Altumbr.	Novumbr.	Vedisch	Altind.	Griech.	Gotisch	Sanskrit
sg. acc. nom.	dono-m	dano-	sevo-	sevo(m)	sevo-	dono(m)	dopo-	vaúrda-	çīva-
	donom	dano-	sevo	sevo(m)	devom	doṇa, m	dopa		çīvaḥ
pl. acc. nom. dual n. n.	dono	—	sevā, n	—	—	doṇe	dopa	—	çīve

das übrige wie beim masc.

Ja-stämme.

Singular

	Oskisch	Neumbr.	Altui.	Gotisch
	safinio-	fielo-	clodio-	harja-
nom.	Safinis, is	Faia	Clodis	harjis
acc.	Safnim	Faio(m)	*Clodim	hari
gen.	Safnieis	*Faie(r)	Clodi	harjis
dat.	Safniei	Fied, ī	Clodiol, o	harja
abl.	*Safnied	*Fiaù	Clodio(d)	—
loc.	*Safniei	Fieleme)	Clodii	—
voc.	*Safniie	Fiaie	Clodie	hari

Plural

	Oskisch	Altui.	Gotisch
	safinio-	clodio-	harja-
nom.	Safnios	Clodil	harjos
acc.	*Safnius	Clodios	harjans
gen.	Safnium	Clodiom	harje
dat.	Safniois	Clodieis	harjam
abl.	Safniois	Clodiis	—

— LXXII —

II. a-stämme.

/em.	Gotisch	Neuw. d. t. B.	Sahell.	Altumbr.	Neuumbr.	Altital.	Griech.	Got.	Sanskrit
sg. nom.-st.	tortô- tortô (-a)	tortô- tosto	tosto- tosta	tota- tota, s	tota- toto	torra- terra, a	roca- χώρα	giba- giba	çivâ- çivâ
acc.	tortōn	tostam	tostam	tota(m)	tota(m)	terram	χώραν	giba	çivâm
gen.	tortōs	tostae	tostas	totas	totar	terras, al	χώρας	gibōs	çivayās
dat.	tortai	*tostae	tostai	tote	tote	terrai	χώρᾳ	gibai	çivayâi
abl.	tortōd	tostaid	*tostad	totamed	totamed	terrâd	—	—	çivayâs
loc.	tortai	tostae	*tostai	—	—	terrai, s	[χώρῃ]	—	çivayâm
voc.	—	—	—	tota	tota	terra	χώρα	giba	çive
pl. nom.	tortōs	tostae	tosstae	totas	totar	terrai	χώραι	gibōs	çivâs
acc.	tortōs	tosta	tostas	tota(f)	totâr(m)	terras	χώρας	gibōs	çivâs
gen.	*tortôzom	tostanom	tostanum	totarum	totaru(m)	terranum	χώρων (άων)	gibō	çivânâm
d. a.	tortēm	tosta	—	tasa	tora	terrês	χώραις	gibam	çivâbhis
loc.	—	—	—	totaled(m)	totaled(m)	terrêis	χώραισι	gibam	çivâsu

(Anm. grieich. u. a. χώρη, g. d. χώρης, umbril. n. a. çira, g. l. çíreçre, ine. d. ab. çírabhyám
Anm. Die ableitung eines adj. adjectivs 3 endungen findet sich Bopp, Ausf. s. 65.)

III. i-stämme.

fem.	Oskisch aeigi-	Neuumbr. ovi- (m.)	Latein ovi-	Griechisch πολι-	Gotisch mahti-	Sanskrit avi-
sg. nom.	aeigis (-is?)	ocar	ovis	πόλις	mahts	avis
acc.	aeigim	ocre(m)	ovem (im)	πόλιν	maht	avim
gen.	aeigeis	ocrer	ovis	πόλεος, ιος	mahtais	avēs (avyās)
dat.	aeigei	ocre	ovi [ei]	πόλει, ῑ	mahtái	avaye (avyāí)
abl.	aeigid	ocri, e, d	ovi [id, ed, i, d, ē]	—	—	avēs (avyās)
loc.	aeigím?	ocrem(en)	—	—	—	avā (avyām)
ins.	—	—	—	—	—	avyā
voc.	—	—	—	πόλι	maht	áve
pl. nom.	*aeigis	ocres(?), if, eif	oves [es, eis]	πόλιες, εις	mahteis	ávayas
acc.	*aeigíss	ocrium	oves [is, eis]	πόλιας, εις	mahtins	avīs
gen.	aeigium	ocriom	ovium	πόλιων, εων	mahtiē	avīnām
d. a.	—	ocris, ir, eis	ovibus	πόλεσι, σιν	mahtim	avibhyas
loc.	—	—	—	—	—	avīshu
ins.	—	—	—	—	—	avibhis

dasul. gr. u. s. πόλιου, g. d. πολίων (ιων); skr. n. a. āvi, g. l. āvyos, d. a. f. āvibhyām.

— LXXIV —

IV. Consonantische stämme.

		Oskisch	Umbrisch	Novumbr.	Altlat.	Griechisch	Gothisch	Sanskrit
sg.	nom.	meddíss, kvaístur-	kvestur-	questur-	quaestor-	δοτηρ-	fadar-	dátár-
	nom.-ed.	meddíss, kvaístur	kvestur	questor	quaestor	δοτήρ	fadar	datá
	acc.	meddíkan	kvestura	questurf	quaestorem	δοτήρα	fadar	dataram
	gen.	medíkeís	kvesturs	questuros	quaestoris	δοτῆρος	fadrs	datús
	dat.	medíkeí	kvesture, f	questurei	quaestori	δοτῆρι	fadr	datré
	abl.	medíkíd	kvesture	questure	quaestore	[δοτῆρι]	—	dátur
	loc.		*kvesturnei(m)	*questurnei(m)	—	[δοτῆρι]	—	dátari
	ins.				—	—	—	dátrá
pl.	nom.	meddíss, kvaístur	kvestur	questur	quaestor	δοτήρ	fadar	dátár
	acc.	meddikia	kvesturf	questorf	quaestores	δοτῆρας	fadrans	datrn
	gen.	meddikum	kvesturum	questurum	quaestorum	δοτήρων	fadre	datrám
	d. a.	meddikís	kvesturus	questurus	quaestoribus	δοτῆρσι	fadrum	datrbhyas
	loc.				—	—	—	datrsu
	ins.		*kvesturfo(m)	*questurfo(m)	—	—	—	datrbhis

Anm. *Die casusrom. in () kommen abfalten; die formen mit ° sind nach vermuthung aufgestellt, das selbe gilt in §. 16.*

Die oskischen sprachdenkmäler.

A. Die groszen inschriften.

I. Die weihinschrift von Agnone.

a. Vorderseite.

1. Statús pús set hortín
kerríín: Vezkei statíf,
Evklúí statíf, Kerri statíf,

Futreí kerriiaí statíf,
5. Anterstataí statíf,
Ammaí kerriiaí statíf,
Diumpaís kerriiaís statíf,
Liganakdíkeí entraí statíf,

Anafríss kerriiúís statíf,
10. Maatúís kerriiúís statíf,
Diúvei verehasiúí statíf,
Diúvei regaturei statíf,
Hereklúí kerriiúí statíf,
Patanaí piístíaí statíf,
15. Deívaí Gonetaí statíf
aasaí purasiaí
saahtúm tefúrúm alttreí
pútereípíd akenei
sakahíter.
20. Fiuusasiais az húrtúm
sakarater:
Pernaí kerriiaí statíf,
Ammaí kerriiaí statíf,
Fluusaí kerriiaí statíf,
25. Evklúí patereí statíf

Stati qui sunt in templo
cereali [di]: Vetusco statim,
Incluto (Libero?) statim, Cereri
statim,
Genetrici cereali statim,
Interstitae statim,
Matri cereali statim,
Lumphis cerealibus statim,
Lege invincibili Possessioni?
interae? statim,
Imbribus? cerealibus statim,
Divis Matutinis cerealibus statim,
Iovi virgario statim,
Iovi rectori statim,
Herculi cereali statim,
Patanae fidiae statim,
Divae Genetae statim
in ara igniaria
sanctum sacrificium? altero
utroque anno?
sauciatur.
Floralibus [dis] ad templum
sacratur:
Praestiti? cereali statim,
Matri cereali statim,
Florae cereali statim,
Incluto (Libero?) patri statim.

1

b. Rückseite.

1. Aasas ekask eestínt	Arae haece exstant
hùrtùi	templo:
Vezkeí,	Vetuseo,
Evklùl,	Incluto (Libero?),
5. Fuutreí	Genetrici,
Anterstatai,	Interstitae,
Kerrí,	Cereri,
Ammaí,	Matri,
Diumpaís,	Lumphis,
10. Liganakdikei entraí	Lege inevincibili Possessioni?
	interae?
Kerriaí,	Cereali,
Anafríss,	Imbribus?
Maatùls	Divis Matutinis,
Diùveí verehasiùl	Iovi virgurio,
15. Diùveí pílhioí regatureí,	Iovi pio rectori,
Uerekliùl kerriiù,	Herculi cereali,
Pataneí pilstiaí,	Putanae fidiae,
Deivaí Genetaí	Divae Genetae
ansaí purasiaí	in ara igniaria (puraria?)
20. saahtùm tefùrùm	sanctum sacrificium?
altireí pùtorelpid	altero utroque
akeneí.	anno?.
hùrz dekmanniùls stalt.	templum decumis statuatur (si-
	statur).

Anmerkung. anterstatai a. b, b. 6. ist auf der bronze getrennt geschrieben: anter statai. — z. b. 14. hat die bronze: verehaslù.

II. Tempelvertrag zwischen Nola und Abella.

(Cippus Abellanus.)

1. Maiiùí Vestirikiiùí Mai. Sir...	Maio Vestricieo Mai fil. Sir...
prupukid sverruneí kvaíst[u]-	-e? ? -oni quaesto-
-reí Abellanùí inim Maiiù[i]	-ri Abellano et Maio
Iùvkiiùí Mni. Pukalatùí	Iovicieo Mai fil. Poculato

5. medíkeí deketasiúí Núvl[a-
 -noí í]nim íigatúis Abella-
 núí[s]
 inim íigatúís Núvlanúís,
 pús senate[í]s tauginúd
 suveís pútúrúṣpid íigat[iús]
10. fufans, ekss kúmbened:
 Sakaraklúm Hereklels,
 sluagid púd ist, ínim tcer[úm],
 púd úp elsúd sakaraklúd [ist],
 píd anter teremniss eh[trad]!
15. ist, pal teremenniú mú[inikad]
 tanginúd prúftuset r[ehtíd]
 amnúd puf ídik sakara[klúm]
 inim ídik terúm, mú[ní[kúm]
 múinikel terei fusíd.
 .[Avt]
20. eisele saraklels í[nim]
 tereis fruktatiuf fr[ukta-
 -tiuf] múmikú púturu[mpíd]
 [fus]id. Avt Núvlanu...
 ... Hereklels fí[ísu ...]...
25. ... íispíd Núvlan........
 .... úpv .... isut ...

medici aerario Nola-
 -no et legatis Abellanis
 et legatis Nolanis,
 qui senatus scito
 sui utrique legati
 erant, sic convenit:
 Sacellum Herculis,
 loco quod est, et terra,
 quae apud illud sacellum est,
 quae inter terminos extra
 est, — quae terminalia communi
 scito probata sunt r[octe]
 in circuitu quo id sacellum
 et ea terra —, communis
 in communi terra fuerit (i. e. esto).
 [Autem]
 eius sacelli et
 terrae fructus fr[uc-
 -tus] communis utroru[mque]
 [fue]rit (i. e. esto). Autem Nolan..
 ... Herculis fan ....
 .. -que Nolan ....
 . . . .

Rückseite.

27. Ekkum [svaí píd herrins]
 trííbarak[avum, púd púst]
 lííntú[m t]erm[enniúm, puf]
30. Herekleís fíísnu mef[s]
 ist, elitrad feíhúss, p[ús]
 Hereklús frísnuu amfr-
 -et, pert viam pússtist,
 paí íp íet, pústin slagím,
35. senatels suveís tangi-
 -núd tribarakavum íi-
 -kítud; ínim rúk tribu-
 -rakkiuf, pam Núvlanús
 tribarakattuset, ínim

[tem [si quid voluerint]
 aedific[are, quod post]
 limite[m t]erm[inalem, ubi]
 Herculis fanum medium
 est, extra licus, quae
 Herculis fanum amb-
 -iunt, trans viam positum est,
 quae ibi est, post locum,
 senatus sui sci-
 -to aedificare li-
 -ceto; et haec aedifi-
 -catio, quam Nolani
 aedificaverint, et usus

40. ínttíuf Núvlanum estud.
ekkum, svaí píd Abellanús
tríbarakattuset, ínk trí-
barakkíuf mím ínttíuf
Abellanum estud.

Avt
45. púst feíhúís, pús físnam am-
-fret, eíseí tereí nep Abel-
-lanús nep Núvlanús pídum
tríbarakattíns.

Avt the-
-savrúm, píd esseí tereí íst,
50. púu patensíns, múíníkúítaíu -
-ginúd patensíns, ínim píd
e[seí]
thesavreí púkkapíd eh[trad]
[úpíttíúm alttram, altt[rús]
[h]ereíns.

Avt anter slagí[m]
55. Abellanam íním Núvlanam,
[p]úllad víú uruvú íst, tedur
[e]ísaí víaí mefíaí tereme[n-
-n]ú staíet.

Nolanorum esto.
item si quid Abellani
aedificaverint, haec ae-
-dificatio et usus
Abellanorum esto.

Autem
post ficos, quae fanum am-
-biunt, in illa terra neque Abel-
-lani neque Nolani quidem
aedificaverint.

Autem the-
saurum, quod in ea terra est,
cum aperuerint, communi sci-
-to aperuerint, et quid(quid)
in eo
thesavro quandoque extra
usum alterum, alteri
ceperint.

Autem inter locum
Abellanum et Nolanum,
quacunque via curva est, istic
in ea via media termi-
-nalia stent.

Anmerkung. Die ergänzungen im text, ebenso die übersetzung sind
nach Corssen, Kuhns Zeitschrift bd. XIII. — z. 17. ist puf emendiert
aus pur. —
Der diakritische punkt des z fehlt z. 6. in Abellanuís, z. 39 ist fälsch-
lich getrennt geschrieben: tribarak. luset, ebenso z. 48: tribarakat. tíns.

III. Das stadtrecht von Bantia.
(Tabula Bantina.)

1. .... s[i]nom [f]ust izic ru ....
2. .... svae ... ius q. multam
angit u .... aninur ....
3. .... deivast maimas carneis
senateis tanginud am ...

.   .   .   .   .   .
.   .   .   .   quaestor multam
cogat?   .   .   .   .
.   .   iurabit maximas partis
senatus sententia   .   .   .

4. X..osii..ion.ioc egmo com-
   parascuster.
   Suae pis pertemust, pruter
5. pan [partemust], | deivatud
   aipus comonei, perum dolom
   mallom, siom ioc comonu
6. mais egm[as touti] cus
   amnud pan pieisum brateis
   auti cadeis amnud inim idic
7. siom dat senate[is] | tanginud
   maimas carneis pertumum.
   pici ex comono pertemest.
8. izic eizeic zicel[ei] | comono
   ni hipid.

    Pis pocapit post exac co-
mono hapiest meddis dat
9. castrid toud[rud auti] | en
   eituas, factud, pous touto
   deivatus tanginom deicans
   siom dat eizaisc idic tan-
10. -gineis | deicum,
    pod valaemom touticom
    tadnit ezum; nep fefacid, pod
11. pis dat eizac egmad min[s] |
    deivaid dolud malud.
    Suaepis contrud exeic fe-
    facust auti comono hipust.
12. molto etan[to estud n. Φ. Φ.
    in. suaepis ione fortis meddis
    moltaum herest, ampert
13. minstreis aeteis | eituas mol-
    -tas moltaum licitud.

    Suae pis pru meddixud
altrei castrous auti eituas |
14. zicolom dicast, izic cumono

. . . . . haec res conqui-
sita fuerit.
    Si quis peremerit, prius
quam [peremerit], | iurato
ex animi sententia, in comitio,
sine dolo malo, se ea comitia
magis rei publi cae
causa quam alicuius voti
aut petiti causa idque
se de senatus | sententia
maximae partis perimere.
cui sic comitia perimet,
in illo die | comitia
ne habuerit.

    Qui quandoque posthac co-
mitia habebit magistratus de
capite libero [aut] | in
pecunias, facito, ut populus
iurati sententiam dicant
se de illis id sen-
-tentiae | dicere (i. e. dictorum
esse), quod salutem publicam
censeat ? esse; neve fecerit, quo
quis de illa re minus |
iuret dolo malo.
    Si quis contra hoc fe-
cerit aut comitia habuerit,
multa tan ta esto n. M. M. et
si quis hunc forte magistratus
multare volet, intra minorem
partem | pecuniae multae
multare liceto.

    Si quis pro magistratu
altori capitis aut pecuniae |
diem dixerit, is comitia

ni hipid, ne pon op toutad
petiropert urust, sipus,
15. perum dolom | mallom, in-
trutum zico[lom] touto per-
emust petiropert. Ncip mais
tom pis com preivatud
16. actud, | pruter pam medi-
catinom didest. In pon
posmom con proivatud
17. urust, eisucen ziculud | zi-
colom XXX. nesimum co-
monom ni hipid.

Suae pis contrud exeic
18. fefacust, ione suaepis |
herest meddis moltaum li-
citud, ampert mistreis acteis
eituas licitud.

19. Pon censtur | Bansae tou-
tam censazet, pis ceus Ban-
tins fust, censamur esuf in.
20. eituam, poizad ligud | iusc(?)
censtur censaum angetuzet.
Aut suaepis censtomen nei
21. cebnust dolud malhud | in.
eizeic vincter, esuf comenei
lamatir pr. meddixud toutad
22. praesentid, perum dolum |
mallom, in. amiricatud allo
famelo in. ci. sivom, pael
eizeis fust, pae ancensto
23. fust, | toutico estud.

Pr., suae praefucus pod
post exac Bansae fust, suae
pis op eizois com | atrud
ligud acum herest auti
pro medicatud manim

ne habuerit, nisi apud populum
quater (eum) postulaverit, ex
animi sententia, sine dolo | malo,
et finitam diem populus per-
ceperit quater. Neve magis
tum quis cum privato (i. e. reo)
agito, antequam indicium dabit.
Et cum postremum cum privato
(i. e. reo) expostulaverit, ab illo
inde die | (ad) diem (usque)
XXX. proximum comitia ne
habuerit.

Si quis contra hoc
fecerit, hunc si quis volet |
magistratus multare li-
ceto, intra minorem partem
pecuniae liceto.

Cum censores | Bantiae popu-
lum censebunt, quis (quis) civis
Bantinus fuerit, censetor caput
et pecuniam, quali lege | eos(?)
censores censere coogerint (?).
Si quis autem in censum non
venerit dolo malo | et in illo
convincitur, caput in comitio
deminuatur(?) praetoris potestate
populo praesente, sine dolo |
malo, et immercato alia
familia et? ?, quae illius
fuerit, quae non censa
fuerit, | publica esto.

Praetor, si praefectus
aliquando posthac Bantiae fuerit,
si quis apud illos cum | altero
lege agere volet aut
pro magistratu manum

aserum oizazunc egmazum, | aserere illarum rerum, |
pas exaiscen ligis scriftas | quae bisce in legibus scriptae
set, ne pfim pruhipid mais | sunt, ne quem prohibuerit magis
zicolois X nesimois. | diebus X proximis.
   Suae pis contrud | excic | Si quis contra | hoc
pruhipust, molto etanto estud | prohibuerit, multa tanta esto
n. Φ.; in suaepis ione meddis | n. M ; et si quis hunc magis-
moltaum herest, licitud | | tratus multare volet, liceto |
[ampert] minstreis aeteis | [intra] minorem partem
eituas moltas moltaum | pecuniae multae mollare
licitad. | liceto.

28. Pr., censtur Bansae | [ni | Praetor, censor Bantiae | [ne
pis fufid, nei suae q. fust; | quis s]it, nisi quaestor fuerit;
nep censtur fuid, nei suae pr. | neve censor sit, nisi praetor
fost. In. suaepis pr., in. suae | | fuerit. Et si quis praetor, ot si |
29. [pis censtur auti] q., pis ta- | [quis censor aut] quaestor, quis
cusiim nerum fust, izic post | (quis) in ordine nobilium fuerit, is
eizuc tr. pl. ni fuid. | post illa tribunus plebis ne sit.
30. Suaepis | |contrud exeic | Si quis | [contra hoc tribu-
tr. pl. p]ocapid Bansa[o f]ust, | nus plebis] quandoque Bantiae
izic amprufid facus estud. | fuerit, is improbo factus esto.

    Idie medicim eizuc
31. ... m. z .. m. nerum ... medi-
cim [me]sinum. VI. nesimum
32. ... om . udex. iicfeh ... .
..... mumpod
33. ... mluii. suae. cizs. a ....
..... medicim
34. ... nistreis. aeteis. i ....
35. ... est. licitud. tr. ....
36. comipid. irucis ......
37. ..... tril. estud ......
38. ..... timom ....

Anmerkung. z. 6. ist pielsen: braleis emendiert aus pleis ombrateis,
z. 6. post aus post. post. — haplent aus hafert; z. 9. deivatus aus delvatuns;
z. 10. fefacid aus fepacid; z. 11. dolud aus docud; z. 9. eizaiso aus eizasc;
z. 15. tom pis aus pomtis (z. glosser unter pomtis); z. 19. Banesa, toutam

B. Die kleineren inschriften.

a. Steininschriften.

1. Campania.

IV. Nesce (Nersae).
(F. 2732. bis)

Pup. Herenniu	Popidius Herennius
med. tuv. Nuersens	meddix tuticus Nersenus
Hereklei	Herculi
prufatted	prokavit (i. e. consecravit).

IV. b. Capua.
(M. 177. VIII, 14. — F. 2751.)

eka : trista	haec testa[mento
med kapva	meddix capuanus
sakra : * use	sacra . . .
e * a : * miia :	haec? . . .
n * ssimas :	. . . . .

V. ola.
(M. 178. VIII, 10. — F. 2769. IL.)

Paakul. Mulukiis. Marai. meddis Paculus Mulcius Marae f. meddix
degetasis aragetud multas. acrarius argento multae.

VI. Nola.
(M. 179. VIII, 15 — F. 2769. IL.)

[N]iumsis. Hetrennis. Niumsies Ka * Numisius Herennius Numisi f. Ca'rus?]
Perkens. Gaaviis. Perkedne * Percennius Gavius Percenni fil.
meddiss. degetasiús. araget * meddicesacrariiargent[o multac].

aus Sansae, taulam; z. 34. welvis aus acies. — pon, pru, pae sind enkli-
tisch mit dem folg. nomen zusammen geschrieben in: z. 10. conpreivatud.;
z. 13. prameddirud; z. 24. prumedicatud; z. 72. paeancensto, pacisterin. —
fälschlich getrennt geschrieben ist z. 20: angel. uset. — z. 8 hat die tafel
louër., das r nicht mehr ganz vollständig; z. 15. elco. abgekürzt für
nicolom. — über alrud (z. 24) für alltrud a. plass.; über phim (z. 25.) für
pim a. Brapp. Laotl. §. 2. — die wortlrennung ist öfters falsch.

Anm. M. = Mommsen, die unteritalischen dialekte.
F. = Fabretti, corpus inscriptionum italicarum et glossarium italicum.

Anm. z. IV. b. trista conjectur von Mommsen für trisill.

VII. Avella (Abella).
(M. 179. VIII. 17. — F. 2771. LL.)

Maiis Vesi[is] Maius Vesius
main trem ? ?

VIII. Cumae.
(F. 2760. 2761.)

1. G. Silli G. Gaius Silius Gai fil.

2. Statie Staiius
   Silie a Silius
   Salavs Salvius.

IX. Herculanum.
(M. 179. X. 18. — F 2784. L.)

1. Herentateis. sum Veneris sum.

2. L. Slabiis. L. Aukil. meddiss L. Slabius L. f. Ocelus meddix
   tuvtiks. Herentatoi tuticus Volupiae (Veneri)
   Herukinai. prúffed Erycinae probavit.

X. Pompeji.
(F. 2785. Ll.)

1. M. Siuttiis M., N. Pùntiis M. M. Suttius M. f., N. Pontius M. f.
   [a]idilis ekak viam terem|na- aediles hic viam termina-
   t;tens ant púntiram Staf,i]- verunt ante pontem Stabi-
   anam, viú teremuntust per. -anum. via terminata est perticis
5. X. iussu via pùmpiiana ter- X. eidem viam pompeianam ter-
   emnattens perek. III. ant ka[l]- -minaverunt perticis III ante cel-
   la Iúveis Meelikiieis. ekass vi- -lam (?) Iovis Meilichii. has vi-
   ass iní via fúviin iní dekkvia- -as et viam Ioviam et decia-
   rim medikels pùmpaiianeis -lem (?) medicis pompeiani
10. serevkid imaden uupsens, iius'- iussu(?) ab imâ (i. e. fundamento)
    su aidilis pridiatiens. fecerunt, eidem aediles probave-
    runt.

Anm. zu X. 4 5. Aufrecht liest statt per. X: per-ek.

XI. Pompeji.
(M. 180. X. 20. — F. 2786. LI.)

V. Pupidiis. V. med. tùv.	Vibius Popidius Vibi f. meddix tuticus
passtata. ekak. úpsan deded. isldu. prùfatid.	porticum hic operandam dedit, idem probavit.

XII. Pompeji.
(M. 161. X. 21. — F. 2787. gloss. 1469.)

V. Pùpidiis. V. med. tùv. aamanaffed lsldu prùfatted	V. Popidius V. f. meddix tuticus paravit, idem probavit.

XIII. Pompeji.
(M. 182. X. 22. — F. 2788. LI.)

Ni. Trebiis, Tr. med. tùv. aamanaffed.	Numerius Trebius Trebi f. meddix tuticus fieri iussit.

XIV. Pompeji.
(M. 184. X. 26. — F. 2789. LI.)

* [k]vaiastur	. quaestor
* [t]anginud	. scito
* * * u. deded	. . -um dedit
* * * ekhad	. . . hic
* [prùfa]tted	probavit.

XV. Pompeji.
(M. 182. X. 23. — F. 2790. LI.)

P. Mat * * *	P. Matius (?) . .
aidi * * * *	aediles . . .
teremnal * *	termin[averunt]?
* mens viu. pat *	. . . via pat[et]?

Anm. zu XI. der stein hat prùfatts. — Fabr. hat: Pàpidiis und lsldu.

XVI. Pompeji.
(M. 183. X. 24. — F. 2791. LI.)

1. V. Aadirans V. eitiuvam paam
vereiiaí Pòmpaiianaí tristaa-
-mentud dedod, eisak eitiuvad
V. Vituikiis Mr. kvaisstur
Pòmp-
5. -aiians trìlbùm ekak kùmben-
-tieís tanginud ùpsannam
deded, isìdum prùfatted.

V. Adiranus V. fil. pecuniam quam
civitati Pompeianae testa-
-mento dedit, eā pecuniā
Vibius Vinicius Murae f. quaestor
Pomp-
-eianus aedificium hic conven-
-tus scito operandam
dedit, idem probavit.

XVII. Pompeji.
(M. 183. X. 23. — F. 2792. LI.)

[Ma.] Purils. Ma
[k]valestur
[tri]mparakineis ?
[ta]ngin. aamanaffed

[Maius] Purius Mai fil.
quaestor
?
scito perfecit.

XVIII. Pompeji.
(M. 180. X. 19. — F. 2793. LI.)

Fiuusaí

Florae.

XIX. Pompeji.
(F. 2819. a. b. LII.)

1. V. Sadiriis V. aidil

Vibius Sadirius Vibi f. aedilis.

2. Mr. Pù • • • riis Mr.
pu • • • a.

Mara ?-rius Marae f.

XX. Sorrento.
(M. 190. — F. 2827.)

FIPINELE

Virini.

2. Samnium.

XXI. Castel di Sangro (bei Alfidena).
(M. 171. VIII. 4. — F. 2877. LV.)

Pk. De. Pk. suvad
eitiv. upsed.

Pacius Decius Paci f. suā
pecuniā operavit (i. e. fecit).

XXII. Castel di Sangro.
(F. 2870. L(II.)

* * ini * *   . . Gavii (?)
[g]aviels
* í . pceal[ùm]   . . sacell[um]
* [p]rúfat[ted].   . . proba[vit].

XXIII. Agnone.
(M. 174. VIII. 7. — F. 2876. gloss. 724.)

Z. Hùrtiis Km. Her. dúnùm ina **   Z. Hortius Comini f. Veneri
                                  donum . . .

XXIV. Pietrabbondante (Bovianum vetus).
(M. 171. VIII. 5. — F. 2874. L(V.)

Nv. Vesullia-   Novius Vesullia-
-ís Tr. m. t   -ius Trebi f. meddix tuticus
ckik. sakara-   hic sacel-
-klúm. Bova-   -lum Bovi-
-ianúd   -ani aedificavit.
aikdafed

XXV. Pietrabbondante.
(M. 173. VIII. 6. a. b. — F. 2872. L(V.)

G. Staatiis. L. Klar[is * * ai]d.   G. Statius L. f. Clarus * * aediles
pestlúm. úpsan[núm dedens]   templum operandum dederunt.
Gn. Stalis. Mh. Tañdins   Gneus Staius Magi f. Tañdinus
metd. t. dudikatted   meddix tuticus dedicavit.

XXVI. Pietrabbondante.
(F. 2873. 2879. bis. LIV.)

1. T. Staiis. T. ** [e]kak úpsan-   T. Staius T. f. . . ble operan-
-num de'ded. esidum prúf. at'ted. | -dam dedit, idem probavit.

2. Steniis * * meddix   Stenius . . . meddix
túv[tik]s úpsannum deded   tuticus operandum dedit
ínim prúfatted.   et probavit.

Anm. zu XXII. Fabr. liest: pecsal . . .
zu XXV. 1, M. liest D statt G.
zu XXVI. 1. so Corsaen, Fabr. liest: Staiis und: úrped esidum.

XXVII. Pietrabbondante.
(F. 2873. quater. LIV.)

* * g. irlìv
* * is. seenni ììlv
* * isuv. eùprei .vlì
* * hnuseís . pad. hefv

XXVIII. Pietrabbondante.
(F. 2873. ter. LIV.)

* ujrtam lìis-	¡ . . formulam (?) ?
-d Safinim sak-	. Safiniorum (i. e. Samnitium) con-
-upam lak ùln-	-ceptam hic univer-
-lm keenzatur	-sornm censor
Aliels Maraiieis	Aieius Maraieins
pain essuf ùmbn-	quam caput obven-
-et. pústiris esidu	-it. posterius idem
numated lìls-	unavit in fa-
-nim leigùss sanu. l-	-no civos (?) eodem loco
-ùvfrikùnùss fíf	*liberigenus (i. e. ingenuus)....

XXIX. Trivento (Tereventum).
(F. 2871.)

Ni. Bairi[is] II. m. t. s. L. aram	Numerius Bairius Ileri f. meddix
	tuticus senatus sententia
i(?)ace amanafed. esidum	hic portocit, idem
profated.	probavit.

XXX. Rocca Aspromonte (bei Bojano, Bovianum Undecim.)
(M. 174. IX. 8. — F. 2870. LV.)

Tanas: Niumeriis:	Tana Numerius
Frunter	Fruntor.

XXXI. Macchia di Valfortore (bei Beneventum).
(M. 176. VIII. 12. — F. 2896. LV.)

* * kflum Maatreis   [sacel]lum Matris
* * ras Futre[is?] . . .   . Genetricis . . .

Anm. zu XXIX. die schrift ist roemisch. z. 2. hat der erste buchstabe
die form eines altroemischen L: ʟ.
zu XXXI. der stein hat: futre*e.

XXXII. Attilia (Saepinum).
(M. 176. VIII. 10. — F. 2878. LV.)

pis : tiú : * * *
liv : kúru : * * *
pritiu : balteis : *
Aadiieis : Aifinels :

. . . . .
. . . . .
Adicius Aifineius.

XXXIII. Castello della Baronia.
(M. 177. VIII. 13. — F. 2811. LV.)

Km. B̦a̦bbiis Km. Cominius Babbius Comini fil.

XXXIV. (originis incertae).
(F. 2884. 2885. 2887. LV.)

1. Mahiis | Magius.

2. Miú Me-   Mutilus Me-
   -tiis Mh.   -tius, Magius
   Fiml ups.   Fimulus operaverunt.

3. * s | * i | * n | * uru | fragmentum tituli Samnitici
   * mir | * eis | * e̦d|

3. Unteritalien und Sicilien.

XXXV. Anzi (Anxia).
(M. 191. XII. 36. — F. 2908. LVI.)

1. πωτ Fολ-   Quod ex-
    -λοϜωμ σορο-   -struere cinera-
    -Fορ ιιν καπιδιτ-   -rium et ollari-
    -ωμ ΚαϜας λεικιιτ, κω-   -um Cahas pollicitus est,
5. -'αχερηι λιοκακιιτ σFα-   in co . . . 6 collocavit, sic
    ***-μ ισστ βρατωμ Μειμιπνα|σ| . . . hoc votum Meisianes.

XXXVI. Messina.
(M. 193. XII. 39. — F. 3053.)

Στενις Καλινις Στατττιης | Stenius Calinius Stati fil.,
Μαρας Ποµπτιυς Νιυμσδιης | Mara Pomptius Numeri fil.

μεδδιιξ ουπσενς | meddices operaverunt (i. e. aedificaverunt)
ιυνειμ τωFτο Μαμερτινο | et civitas Mamertina
Απελλουνηι σακορο. | Apollini sacra (i. e. sacellum sc. consecravit).

b. Pompejanische rot auf den tuf gemalte inschriften.
XXXVII.
(M. 185. XI. 29. a. b. — F. 2795—2803. LI. LII.)

1. Eksuk amvianud eituns | Hoc ambitu eunt
   anter tiurrì XII ìnì vera | inter turrim XII. et portam
   Sariuu puf faamat | Sarinam (sc. eo), ubi habitat
   Mr. Aadiriis V. | Mara Adirius Vibi fil.

2. L ùs**n | *idn ea**erk.
3. P. Küpils. — pikùfn. . | P. Cipius. — ?

4. Mr. Perkhen ** | Mara Percen[nius]
   **lahiku. nicl*
   ** seis . aphinis
   alùnùm.

5. Mr. Hereni | **eudeiu | Mara Herennius | . . . .
6. Vaamunim. VICTORIA.

c. Pompejanische rot auf den kalkbewurf gemalte inschriften.
XXXIX.
(M. 187. XI. 30. — F. 2804—2800. LII.)

1. maamiieise. meñtaiiais. | Mamieñus (?) Moditiaeus.
   ilkìn

2. emens melissaii*ii*igipaa- | . . . . Melissaeus (?) . . .
   rigtla.
3. ahvdiuni akun CXIL.

Anm. zu XXXVII, 1.: diese inschrift findet sich gleichlautend zweimal, die diakrit. striche des ersten ì von ìnì und des zweiten ì von Aadìrìîs, ebenso das n in vera sind aus dem zweiten exemplar, das im übrigen weniger vollständig ist, ergänzt.

d. Pompejanische griffelinschriften.
XXXIX.
(M. 188. XI. 30. — F. 2–7–10. 2321–22 2825. LII.)

1. g. ivdaileosii.
2. P. Kulrinis (?) P. Quirinus (?)
3. n diupibiis (?)
4. a. pù*a*riva.
5. Margas. Margas ?
6. Sabinis. Sabinius.
7. aisg.

e. Gemalte inschriften von campanischen vasen.
XL.
(M. 189. XII. 32. — F. 2839–42. LII; 2750. XLVIII; 2762.)

1. Mais Kaluvis Maius Calvius.
2. Santia Xanthias.
3. Pupdiis Popidius.
   Stenis Stenius.
4. Upils Opilius (aus Cumae).
   Utis Otius
5. ni * * 6. niifnl * us * (aus Capua).
   l. i. iaù
   veaù

XLI.
(M. 190. XII. 30; 170. VIII. 8.)

1. Herenem. Herenni.. ? (aus Fresa bei Vasto.)
2. Ι ερεαλι(.)σσκ Herculis... (originis incertae).
   λ(ϝ)αβεκις

f. Ziegelinschriften.
XLII u. XLIII.
(M. 175. 184. VIII. 9. X. 28. — F. 2890. 2802 bis. bis. b. 2814–18, c—e. 2822, a. 2824.)

1. G. Vaaviis G. Vaavius. (1–13. aus Pompeji).
2. V. Bla * *
3. Ni. Pupie Numerius Pupius.
4. Mr. P.* * Mura P. ..
5. Dek. Tre. Decius Trebius.

Δ a m. zu XLI, 2. Fabr. liest: (λ)αβιυς.

6. Vilineis   Vilineins.
7. Heirens Fras | upsed   Herennius Frontas? operavit.
8. l. Titti l.   l. Tittins L. fil.
9. G. Asilli.   G. Asilius.
10. step. kai.
11. úi. tne. 12. ú. núr. iu.
12. α) rl. β) g : a γ) v. ist.
    δ) a ε) d   ζι d.
14. úpsim. úpsim   (aus Cumae).
15. α) kluva | diuvia | damu   Cluvia? Jovia? ? (aus Capua).
    β) kluvi | damuse | diuvia Clurius? ? Jovia?
16. * * i. L. pk. lai. pk.   (aus Castellone bei Bojano)

XLIV. Monteleone (Vibo).
(M. 192. - F. 3035—40.)

1. Κοττεηις	Cotti
2. Κοττεε	Cotti
3. Κοττι	Cotti
4. Περκενος	Percennus.
5. Μαραι. Γοοντιον	Maraicius od. Marae?
6. Μαραι. Το. P.	

XLV. Messina.
(M. 199. — F. 3062.)

1. Μαμερτινουμ   Mamertinorum.
2. Λ. Παα * * *   L. Pacius.

g. Inschriften auf Metall.

XLVI. Lanciano.
(M. 160. VIII. 1. — F. 2846. LIII.)

Vereias: Lavkanateis   civitatis Lucanatis
nupas: kalas: palanu   .   .   . Palanorum?

XLVII. Punta della Penna (bei Vasto).
(M. 170. VII. 2. — F. 2844. gloss. 1086.)

Iúveis   Iovis
Lavfreis   Liberi.

III. Pennaluce.
(F. 2843. LIII.)

Kaal. Hùsidiis Gaav. Calvius Hosidius Gavi fil.,
Viibia Ùhtavis. Uí Vibius Octavius Ofi fil.
kenzstùr patl censores . . . .

II. Pennaluce (?).
(F. 2843. bis. LIII.)

* * et * . .
* d(?)are * . .
,d,iikùlùs * dies .
* * urseis * . . .
* * emi * . . .
* g. uni * . . .

L. Castellamare della Buca.
(M. 190. XII, 33. — F. 2054.)

Pakis Tintiriis Pacius Tintirius.

LI. Bleiplatte von Capua.
(F. 2749. III.)

1. Ste(n)í. Klum. Virriis, Stenius Clummius (?) Virrius.
   Tr. Flapiu Virriis. Trebius ? Virreius.
   Pl. Asia Bivellis, Plautius (?) Assius Bivellis,
   Uppiis Hellerii's, Oppius Helvius
5. Luvikis Úhtavis. Lucius Octavius
   Statiis Gaviis nep faSum Statius Gavius nec fari
   nep deikum putians. nec dicere possit.
   Luvkis Uhtavis Nùvellum Lucius Octavius (sc imprecatur)
   Velliam Novellum Velliatem:
   nepdeikum nep fatiuuu pùtiad, nec dicere nec fari possit,
   [nep] mem[u]im nep ùlam nec monumentum nec ollam
   sifei beriiad. sibi capiat.

Anm. zu LI. Die schrift ist rechtläufig, die lesart fl in Flapiu ist unsicher. z. 6 hat die platte: putlain, so zwar, dass das a über das l gestellt ist, während das l wol aus n durch verschwinden des ersten verticalstriches entstand, ebenso ist z. 9. der verticalstrich des letzten d verschwunden, so dass ein rückläufiges auk. a erscheint.

LII.
(F. 2794. LI.)

Mr. Atinius Mr. kvaisstur eitiuvad, multasikad kúmbenieis tangi- ¡nud¦ aamanaffed	Mara Atinius Marae f. quaestor pecunia multaticia couventus scitu perfecit.

LIII. Monteleone (Vibo).
(M. 191. XII, 37. — F. 3034.)

Διου Fει Fιρσορει ταυρομ   Iovi Versori taurum.

LIV. Palermo.
(F. 2880. bis. a. b. gloss. 1842.)

Γ'. Τρεβ; Γ. Σεστε; διδετ.   G. Trebius G. f. Sestius dedit.

LV. (originis incertae.)
(M. 184. X. 27. — P. 2538. LII.)

· sfr · | veran · | Helvi · | .... Helvius ....
Helvi · | · igui ·

h. Münzaufschriften.

LVI.

Campania mediterranea.

1. Tiannd Sidikinud	Teano Sidicino.
2. Kupelternum	Compelternarum.
3. Telis.	Telesia.
4. Kapv.	Capua.
5. Aderl. Ade.	Atella.
6. Kalati. Kalat. Kalu.	Calati[norum].
7. Nuvkrinum Alafaternum degvinum ru .... uma ., (?) arusne	Nucerinorum Alfaternorum. ...
8. Aisernim	Aiserniorum.
9. Viski[n]is	

Anm. zu LVI. 6. die schrift ist rechtläufig, ebenso 11., in 12: Fistlus,
        und in 13: Crina.
  „   „   8. in lat. schrift, ebenso 20.

Campania maritima.

10. Anrunk. [M]ankdiis.   Auruncorum(?). Macidius.
11. Alifu   Allifae.
12. Fistluis. Fistluis   Puteolis.
    Fistlus.   Puteoli.
13. Urina. Urina. Urinai   Urianorum (?)
14. Ilúr. Ϝαρχανο.   ? Campanorum.

Frentaner gebiet und Nordapulien.

15. Frentrei   Frentri.
16. Freternum *oder* Fenserna (?)   Frentanorum.
17. Tiatium   Teatium.
18. Akudunniad   Aquilonia.
19. *Ιτl ναχλι*. *Αϝαχλιν*. *Ιϝσχια*.   Ausculi[norum].
20. Ladiuod. Ladiuci   Larino. Larini.

Unteritalien und Sicilien.

21. Λονχανοψ   Lucanorum.
22. Vei.   Vibu.
23. Tem.   Temesa (in Bruttinm).
24. Μαμεϱτινονψ   Mamertinorum.
25. Makdiis. Maakdiis.   Macidius (*wahrsch. a.* Campanis).
    akkri *oder* ukuru (?)

Münzen aus dem bundesgenossenkrieg.

26. Mi. Ieiis. Mi.   Minius Iegius Mini fil.
27. Mutil. embratur   Mutilus imperator.
    G. Paapi. G.   Gaius Papius Gai fil.
28. G. Mutil.   Gaius Mutilus.
    Safinim.   Samnitium (Safiniorum).
29. Viteliu.   Italia
    G. Paapii. G.   Gaius Papius Gai f.
30. G. Paapii. G. Mutil   G. Papius G. f. Mutilus.
31. Ni. Lúvkl. Mr.   Niumsius Lucilius Marae fil.
32. G. Paapi. G.   G. Papius G. f.
    ITALIA.   Italia.

Anm. *zu LVI. u. auf der kehrseite einer campan. oder samnil. silbermünze. Fabr. 9833.*

„   „   „ *32. eine bilingue münze. G. Paapi G. steht in osk. schrift auf der kehrseite.*

Glossar.

*Die worte sind nach dem osk. alphabet geordnet (Drupp. lentl. §. 2):
a b g d e v z h i k l m n p r s t u f. — í ist unter i, ú o unter u, e z
(= ks) unter k zu suchen. — die zahlen citieren die osk. inschriften nach
der reihenfolge, in der sie hier zusammengestellt worden sind. I. bezeichnet
also die weihinschrift von Agnone, II. den cippus Abellanus, III. die tabula
Bantina, IV. ff. die kleinern inschriften, LVI. die münzlegenden. — die in
oskischen wörtern cursiv gedruckten buchstaben sind, meist durch vokalein-
schub oder consonantenschärfung entstanden, etymologisch bedeutungslos.*

A.

Aadirāns XVI. *gentil. n. s. m.* Adiranns. 5d-ir-ān-s *zu lat.* ater.

Aadirius XXXVII. 1. *gentil. nom. s. m.* Adirius 5d-ir-iŭ-s *zu
lat.* ater. *vgl. osk.* Aderl[ul].

aamanaffed XII. XIII. XVII. LII. *perf. ind. s.* manu perfecit,
operavit, fieri iussit. 5-mā-n-ā-ff-ē-d. ā- = *lat.* ā-, ab, *umbr.*
aha-, ah. *infin.* *ā-manūm* 'mit der hand tun', *denomin. v.*
mānus *v.* √ma- (messen).

aapās XLVI. *subst. f. nom. pl.* (?) = *ujmac* (?). *skr.* āpas (aquae)
v. √ak (schnell sein, laufen). *vgl. got.* ahva, aha, *ahd.* Aa.
Fabretti vgl. sardin: abba — *italien.* acqua.

aasai I. a. 10. b. 19. *subst. f. loc. s.* = arau, in ara.

aasas I. b. 1. *subst. f. nom. pl.* = arae. as-ā-s. *vgl. altl.* āsas,
rulsh as-i-s (ad aram). *subst.* as-i-n, asum *v. st.* as-u. *v.* √ās
(sitzen).

Abellanam II. 55. *adj. f. acc. s.* = Abellanam.

Abellanúí II. 3. *adj. m. dat. s.* = Abellano.

Abellandí[s] II. 6. *adj. m. dat. pl.* = Abellanis.

Abellanum II. 44. *adj. m. gen. pl.* = Abellanorum.

Abellanús II. 41. 46. *adj. m. nom. pl.* Abellani, *einwohner ron* Abella *(heute* Avella vecchia*). st.* ab-el-l-āno- *zu lat.* aper. *vgl. umbr.* abraf (apros), *ahd.* obar, *angels.* eofor.

Aderl LVI. 6, Ade LVL 5. *abgekürzte münzaufschrift für* *Aderla = Atella, 'Atélla 'Schwarzburg', *stadt in Campanien v. st. lat.* atro-, *umbr.* atro-, *ultro-. nom.-st.* ād-e-r-la.

Adiieis XXXII. *nom. s. (?) =* Adicius (?)

aeteis III. 12. 18. 27. 34. *sbst. gen. s.* = partis, *wol zu lat.* aetas, aevum.

avt II. 23. 44. 49. 54. III. 20. = antem. *für* *au-tem *aus skr.* a-va *(in* av-ōt *u. a.) u. fem. acc.* -tem *für* *tam *v. pron.-st.* ta.

az I. 20. *praep. c. acc.* = ad. *ūz für* *at-s *aus skr.* a-ti (darüber hinaus) + *suff.* -s. ati *ist erhalten in lat.* at-avus, et, a-t, *gr.* ἔ-τι.

ahvdionl XXXVIII. 3. = ?.

a)dil XIX. *st. m. nom. s.* = aedilis.

aidilis X. 11. [a]idilis X. 2. aidi XV. *st. m. nom. pl.* = aediles, *altl.* aidileis, *von* aed-es *zu skr.* √idh (anzünden, brennen). *vgl. gr.* αἴθ-ω, *ahd.* eit (feuer), *nom.-st.* aid-īli-.

Aiieis XXVIII. 5. *praen. nom. s.* = Aiēius. *vgl.* Ahius, *v.* √ah.

aikdafed XXIV. *perf. ind. s.* = aedificavit. aikd-ā-f-ē-d *v. infin.* *aikd-ā-um, *denom. von e. nom.-st.* aik-do-, *der wol mit stockes zu irisch* aicde (gebäude) *zu stellen sein dürfte.*

Aisernim LVI. 8. *n. pr. gen. pl.* = Aeserniorum = *altl.* Aiserniō(m), *einwohner der Samniter stadt* Aes-er-n-ia, *bedeutet:* Opferstätte. *vgl. sab.* ais-o-s (gebet, bittopfer), *umbr.* es-n-an (opfer), *volsk.* es-ar-in-tro-m (opfer) *zu skr.* √ish, *grdform is* (wünschen). *nom.-st.* ais-er-n-io-.

Aifineis XXXII. *n. pr. nom. s.* (?).

akenei I. a. 18. b. 22. *st. n. loc. s.* (in) anno? 'jahresring' *v.* √ank (krümmen). *nom.-st.* ak-e-no-. *vgl. umbr.* acnu (annus?) *und* per-akne; *skr.* achma (in die quere gehend) *v.* √anch.

akun XXXVIII. 3. *vielt. eine abgek. form zu* akenei.

akkri *oder* akuru LVI. 25. *auf einer münze, lesart unsicher. vgl. umbr.* ocrer, *mars.* ocres (montis).

actud III. 15. *impt. s.* = agito, *umbr.* ah-tu. *s. ask.* ac-um, ac-tūd.

Akuduuniäd LVI. 18. *n. pr. f. abl. s.* = Aquilonis (formell = *umbr.* Ak-er-ōn-ia), *heute* l'Acedogna 'Borgstadt' *Au-pó-*

— 23 —

πόλις zu lat. ac-er, oc-ri-s, umbr. uk-ar, oc-ar, sabell. oc-re-s (berg), skr. aç-ri-s (ecke, kante) v. urspr. √ak (scharf, spitz sein). nom.-st. ak-ud-unn-ia-.

acum III. 24. infin. = agere. altl. äc-ere. vgl. sub. ag-iu-s (fest), gr. ἄγ-ειν v. √ak, skr. aj (gehen, treiben, schwingen). auf der tab. Bant. technischer ausdruck für civilklagen wie im latein. agere.

Alafaternům LVI. 7. n. pr. m. gen. pl. = Alfaternorum. v. *Alafaterna = lat. Alfaternu, gr. Ἀλφατέρνα 'Weiszenburg' zu albus, umbr. alfer, gr. ἀλφός, ahd. elb-iz (schwan). nom.-st. alaf-ä-t-er-no-.

Alifa LVI. 11. †λιφηα oder Aliφha (?) n. pr. f. nom. s. = Allifae, Ἀλλιφαί, heute Alife.

allo III. 22. pron. ind. f. nom. s. = alia für *al-jo, al-io-. vgl. gr. ἄλλος für *ăl-jo-ς. *ăl-io-ς.

altrei III. 13. pron. ind. m. dat. s. = alteri.

alttram II. 53. pr. ind. f. acc. s. = alterum.

alttrei I. a. 17. b. 21. pr. ind. m. loc. s. = (in) altero.

a[l]trud III. 24. pr. ind. m. abl. s. = altero. die inschrift hat: atrud. Fabretti vergleicht das florent. altro und altro = italien. altro.

alttr[ùs) II. 53. pr. ind. m. nom. pl. = alteri. pron.-st. a-l-tro-.

amänäfed XXIX. osk. aamanaffed. s. oben.

amvíannd XXXVII. 1. st. n. abl. s. = ambitu. aus adv. am(f)- = lat. amb-, ambi- (in ambidens), gr. ἀμφί, skr. abhi (zu, gegen), ahd. umbi, und sbst. viu- (= lat. via) + suff. -ūno-. also wörtlich 'umweg'. nom.-st. am-vi-ūno-.

amiricatod III. 22. adj. abl. s. = *immercato i. e. non mercato 'ohne kauf', d. i. ohne die zur rechtsgültigen eigentumsübertragung sonst notwendigen gesetzlichen formen des kaufes. a-mir-i-cā-to-, partic.-st. v. *-miricā-um, denom. v. einem st. meri-co- v. e. verbum der e-conj. lat. mer-ē-re. a- für am-, an- = lat. in-.

Ammaì I. a. 6, b. 8. n. deae. dat. s. = Matri. zu skr. ambā (mutter), ahd. amma.

amnúd II. 17. amnud III. 6. adv. (abl. s.) = circa, in circuitu; caus·, um, wegen, postpositiv mit gen. in III. 6. aus am(f)- + suff. -no-. nom.-st. am-no-.

ampert III. 12. 18. *praep. c. gen.* = intra, in usque, eo tenus, *d. i.* innerhalb einer gewissen summe. am-per-t aus an- = *lat.* in- *und* pert. *s.* pert.
amprufid III. 30. *adv. (abl s.)* = improbe. am-pruf-id *aus* un- = *lat.* in- *u. adj.-st.* pruf-o- = *lat.* prob-o = *skr.* prabhu *(adj.* hervorragend, stark, *als st.* herr, *eig.* vorn stehend *von skr.* √bhu, *ital.* fu-). *nom.-st.* am-pro-b-o-.
Amfret II. 32. 45. *praes. ind. pl.* = ambiunt. *aus* amf-r(o)- (*vgl. umbr.* ampr-, ambr-, *lat.* amfr-actus), *und der gesteigerten wurzelform v. d. i.* ei *aus* I (gehen). *s. osk.* ei-tuns.
Anafriss I. u. 9, b. 12. *u. denw. dat. pl.* = Imbribus. an-afr-iss *für* *amf-r-iss. *vgl. gr.* ὄμβ-ρ-ος, *skr.* abhra (*neutr.* wolke), *wozu gr.* ἀφρός.
angetuzet III. 20. *fut. II. ind. pl.* = coagerint (?). wahrscheinlich *zu osk.* acum (agere).
angit III. 2 *praes. conj. s.* = cogat (?) sc. multam.
anceusto III. 22. *adj. f. nom. s.* = *incensa, *d. i.* non censa. *v.* an- = *lat.* in- *und part. pract. v. osk.* cens-um. *s. dieses. nom.-st.* an-cens-to-.
ant X. 3. 6. *praep. c. acc.* = ante. au-t *aus* *an-ti, *an-ti-d (*abl. v.* i-st.) = *lat.* an-tid-(ea). *vgl. gr.* ἀντί, *ved.* anti.
anter II. 14. 54. XXXVII. *praep. c. acc.* = inter. *vgl. umbr.* an-ter, *nom.* an-der, *skr.* an-tar (inter , *für* *an-tero-m (accus.) *aus* an- + *compar.-suff.* -tero-.
Anterstatai l. u. 5, b. 6. *n. demo. dat. s.* = *Interstitae, die zwischenstehende, quae sistit terminos. an-ter-sta-tai *v.* √sta, *skr.* sthā (stehen). *vgl. umbr.* Pre-sti-te, Prestote, *lat.* Stata mater, anti-sti-ta.
Αππελλουνηι XXXVI. *n. dei. dat. s.* = Apollini, *gr.* lehnwort: Ἀπόλλωνι, *dor.* Ἀπέλλωνι, *vgl. altl.* Apolonis, Apolenei, Apollinem.
aphinis XXXVII. 4. = ?
aragetud V. araget VI. *st. n. abl. s.* = argento. *vgl.* ἀργής, *dor.* ἀργής, *gen.* ἀργάντος, *skr.* rajati- (weisz, *st. n.* silber, gold) *v.* √ranj (färben), *grdf.* *√rag, arg. *nom.-st.* arag-et-o-.
arum XXIX. *st. f. acc. s.* = aram, *s. osk.* aasas.
aserum III. 24. *infin.* = asserere. a-ser-um *für* az-s. (az = ad).
Asilli XLII. 9. *gentil. nom. s.* = Asilius.

Asis LI. 3. *gentil. nom. s.* = Asius.
Atiniis LII. *gentil. nom. s.* = Atinius, *vgl. etrusk.* Attinei = Atinin.
Aukil IX. 2. *cogn nom. s.* = *Ocelus, *vgl.* Aucilius.
Aurunk LVI. 10. *abgek. form für* *Aurunka *oder* *Aurunkôm Auruncorum, *einwohner der stadt* Aurunca *in* Campania *auf* Rocca Monfina, *für* *aus-un-ca 'Lichtenfels' *v. skr.* √ush, *grdf.* us (brennen, leuchten), *vgl.* Aus-on-es, Au-son-a, Aus-on-ia.
Avhvσκλι, Avσκλιν LVI. 19. *abgek. form auf münzen für* *aus-k-l-īnō-m = Ausculinorum, *s. folg.*
Avσκλα LVI. 19. *abgek. münzaufschrift für* *aus-k-l-ānō-m = Ausculanorum, *einwohner der stadt osk.* *Aus-k-l-o-m, *lat.* Ausculu-m, Asculum, 'Lichtenstadt', *heute* Ascoli di Satriano *in* Apulien. *v.* √us, *skr.* ush.
auti III. 6. 11. 13. 24. *conj.* = aut = umbr. ote, ute *aus skr.* a-vu *und dem. pron.-st.* ta *(localirform auf* -tei, -ti). *vgl. lat.* u-t, u-ti, *gr.* αὖ-τε *u. a.* au-ti.

B.

B[a]bbiis XXXIII. *n. pr. nom. s.* = Babbius.
Bairi[i]s XXIX. *n. pr. nom. s.* = *Bairius.
Baiteis XXXII. *n. pr. nom.* (*oder gen.*) *s.* (?) = Baiteius (?).
Bansae III. 19. 23. 27. Bansa[e] 30. *n. pr. f. loc. s.* = Bantiae, *heute* S. Maria di Banzi *in Apulien. gr.* Βαντία, *bans-a durch assibilation aus* *bant-ja, bant-ia.
Bantins III. 19. *adj. m. nom. s.* = Bantinus, *einwohner von* Bantia. *nom.-st.* bant-īno-.
Bivellis LI. 3. *cogn. m. nom. s.* = Divellius.
brateis III. 6. *st. n. gen. s.* voti.
bratom III. 6. βρατωμ XXXV. *st. n. acc. s.* = volum. *st.* br-ā-to- *partic. v.* *br-a-um = parare (*vgl. osk.* embratur). *v. nom.-st.* par-o (opi-par-u-s) *r.* √par (vollbringen, bereiten, schaffen), *woron* par-ēre; *oder wahrscheinlicher mit Stockes zu gall.* βρατου-δε (ex voto?) *und welsch* bryd (gemüt).
Búvaiaund XXIV. *n. pr. n. abl. s.* = Boviano, *nämlich* Bovia-

num vetus *in* Samnium, heute Pietrabbondante , *gr.* βοναρον,
βοναρον, 'Ochsenfurt'. *nom.-st.* bov-hi-ano- *v.* bos, *acc. altl.* bov-
um. *vgl. gr.* βοΰς, *ahd.* chuo, *skr.* gau-s *v.* √gu.

G.

G. XXV. XLII. 9. LIV. LVI. 27—32. *sigle für osk.* Gaaviis.
Gaaviis VI. Gaviis LI. 6. u. pr. nom. *s.* = Gāvius, Gāius.
[G]avieis XXII. Gaav. XLVIII. II., *n pr. gen. s.* = Gavi,
Gai. *st.* ga-v-io- *vgl. lat.* [g]Na-v-iu-s *v.* √gu, ga-n, gna-, *skr.*
ja-n *(erzeugen), κοινόν* gi-gn-ere, *γί-γν-ε-σθαι, ahd.* chi-n-t =
nhd. ki-n-d. *got.* ku-ni (geschlecht).
Genotas I. a. 15. b. 18. *s. dew. dat. s.* — Genetuo i. e. Ge-
netrici, die Geburtsgöttin, *vgl. γενέτειρα, skr.* janitrī. *osk. nom.-st.*
gen-e-tu *v. einem verbalst. der ē-conj. (wie lat.* Moneta *v.* mo-
nēre), *v.* √gu-n. *skr.* ja-n.

D.

dadikatted XXV. *perf. ind. s.* = dedicavit dā-dik-ō-t-t-ĕ-d *v.*
dā- - dāt (dē) *v.* *dic-ā-um (dicare) *v.* √dik, *skr.* diç (zeigen).
damu, damuse XLII. 15. = ?
dāt III. 6. 8. 9. 10. *praep. c. abl.* = de. *abl.-form v. skr.* adhas
(unterhalb). *vgl.* dadikatted.
Dek. De. *abgek. n. pr.* = Decius. XXI. *als gentil.* XLII. 5. *als praenomen.*
degetāsis V. *adj. m. nom. s. sing* = quaestor aerarius.
degetāsius VI. *adj. m. nom. pl.* = quaestores aerarii. s. de-
ketasiui.
degvinum LVI. 7. *st. gen. pl.* = ?
deded XI. XIV. XVI. 3. 7. XXVI. 2. 1; [de]ded. δεδετ LIV.
perf. ind. s. = dedit. *vgl. umbr.* terust (dederit), *rare, sab.*
didet *v. skr.* √dā, *urspr. da.* de-d-ē-d.
deivai I. a. 15. b. 18. *adj. f. dat. s.* = divae, *altl.* deivae, *vgl.*
volsk. deve *(dat. s. m.), gr.* δῖος, *skr.* devās (gott), *griff.* *dair-
a-s *v. skr.* √div (glänzen). *nom.-st.* deiv-ā-.

deivaíd III. 11. *praes. conj. s.* - iuret. deiv-ā-ī-d
deivast III. 3. *fut. I. ind. s.* = iurabit. deiv-ā-st.
deivatud III. 5. *impt. s.* = iurato. deiv-ā-tud.
deivatas III. 9. *part. praet. m. nom. pl.* = iurati, *part.-st.* deiv-ā-to- *v.* *deiv-ā-um 'bei Gott schwören', deo teste affirmare, *v. skr.* √div. *vgl. θειάζω.*
deicans III. 9. *praes. conj. pl.* - dicant, *altl.* deicant. deic-ā- ns.
deikum LI. 6. 8. deicum III. 10. *infin.* = deicere. deik-um, *v.* √dik, *skr.* diç (zeigen). *vgl. osk.* μεδ-δικ, *got.* teih-an (verkündigen) = *ahd.* zeig-un, zíh-an (sagen, zeihen). *s.* dicust.
deketasiúi 11. 5. *adj. m. dat. s.* = quaestori aerario, ἀποδέκτη, einnehmer, schatzmeister, *st.* dek-e-t-ās-io- *v. partic.* dek-to- *r.* *dek-um *ion. δέκ-εσθαι. s.* degetasis, degetasiús.
dekkviurim X. 8. *adj. acc. s.* = decimlom? *vgl. umbr.* tekvias. *zu lat.* Decius, Dequius?
dekmanniúis I. b. 23. *st. m. abl. pl.* - decimis, zehnten. dēk-m-ānn-io-, *formell* = decu-m-ān-o- *v.* decem, δέκα, *skr.* daçan (zehn) daç-ama (zehnte), *got.* taíh-un, *engl.* ten, *ahd.* zēh-an, *grdf.* *dakan. *vgl. lat.* Decumanus, *umbr.* deseu-duf (duodecim).
didest III. 16. *fut. I. ind. s.* = dabit. *s.* deded. di-de-st.
[d]iikúlús II. *st. m. nom. pl.* = dies, *s.* zicolom. *nom.-st.* [d]ií-kúlú-.
dicust III. 14. *fut. II. ind. s.* = dixerit. *s.* deikum. díc-u-st.
Diúvei I. a. 12, b. 14. Διονί ει LIII. *n.* dei. *dat. s.* = Jovi, *altl.* Diovei, Diove. *vgl. boeot.* Δεύς = Ζεύς ~ *skr.* dyāu-s *durch vokal.-steig. aus skr.* √dyu = div (glänzen). *s.* Iúvois. diúv-ei.
Diuvia XLII. 15. *adj. f. nom. s.* = Jovia. *nom.-st.* diuv-iā. *s.* ioviia.
Diumpais I. a. 7, b. 9. *n.* dearum. *dat. pl.* = Lumphis. *v. skr.* √dip (glänzen). *vgl. lat.* limpidus *und gr.* λάμπ-ω. *nom.-st.* diump-ā.
dolúd III. 11. 20. *st. m. abl. s.* - dolo. *nom.-st.* dol-o-.
dolom III. 5. 14. dolum III. 21. *st. m. acc. s.* – dolum. *nom.-st.* dol-o-.
dúnúm XXII. *st. n. acc. s.* = donum. *vgl. altl.* donom = *sab.* duno(m), *skr.* dāna-m (das geben, die gabe) *v.* √dā. *nom.-st.* dō-no-.

E.

egmäd III. 10. st. f. abl. s. = re.
egmazom III. 24. st. f. gen. pl. = rerum.
egm[as] III. 5. st. f. gen. s. = rei.
egmo III. 4. st. f. nom. s. — res. mit vok.-steig. ans √ak, skr. aj. vgl. ago, ag-i. s. osk. acum. nom.-st. eg-mā.
eestint I. b. 1. praes. ind. plur. — exstant. ee = lat. ē = umbr. ehe ans skr. vahis (ausserhalb) für ava-hi-s. ee-sti-nt.
Evklùi I. n. 3. 25. b. 4. n dei. dat. s. = Evixler. Incluto. gr. Ichneort. vgl skr. an-grav-as (ruhmreich) c. √ gru (hören). so Grassmann; nach Mommsen für *Ev-iculu-s = "Ἰλβ-ων, d. i. Liber.
ezum III. 10. infin. — esse, umbr. er-om, er-u; ei-rou für *is-rei, abl. s-In e skr. √as (esse). ēz-um.
ohträd II. 31. 52. oh[trad] II. 14 praep. c. acc. = extra, abl. extrad. fem. ablat. c. eh-(ec-) -(- suff, -t(e)ro-. eh-trä-d.
eizazune III. 24. pron. dem. f. gen. pl. = illarum oder eārum ei-zā-zan-e.
eizali]se III. 9. pr. d. f. abl. pl. = illis. ei-zā-is-c.
ojzae III. 10. pr. d. f abl. s. — illi. ei-zi-e.
oizeie III. 7. 21. pr. d. m. loc s. — (in) illo. ei-ze-i-e.
eizeis III. 22. pr. d. m. gen. s. = illius. ei-zo-is.
eizois III 23. pr. d. m abl. pl. — illis. ei-zo-is.
eizue III. 29. 30. pr. d n. abl. s. — illo. ei-zu-e.
[e]isai II. 67. pr. d f. loc. s. — ea oder illā. ei-sā-i.
eisak XVI. 3. pr. d. f. ablat. s. = eā, illā. ei-sā-k.
o]sei II 46. pr. d. m. loc. s. — (in) eo. ei-se-i.
eiscis II. 20. pr. d. m. gen. s. — uius. ei-se-is.
eisud II. 13. pr. d. n. abl. s. — illo. ei-sū-d.
eisucen III. 16 pr d. m abl. s. mit postposition -en (locutieform = lat. in- in in-de, do-in) — ab illo iuxle. von jenem (lage) an. ei-su-c-en.
eisivom ? III. 22. st. n. nom. s. ?
eitiuväd XVI. 3. LII abgek. eitir. XXI. st f. abl s. — pecuniā.
eitiuvam XVI. 1. eituam III. 19. st. f. accus. — pecuniam. nom.-st. ei-tiu-ā, ei-tu-.

eituas III. 13, bis. 16. 27. st. f. gen. s. == pecuniae.
eituas III. 9. st. f. acc. pl. == pecuniae v. nom. *ei-tu-a, geld,
 vermögen, v. skr √i (gehen) mit steiger. vgl. die metaphern
 red-i-tus, εἰσ-οδ-ος 'umlaufendes' geld u. a.
eituns XXXVII. abgek. eit. M.U.D. tab. XI. 29. b. praes. ind.
 pl. == eunt. denom. v. st. ei-tu- in osk. ei-tu-a. ei-tu-ns.
eka IV. b. pron. dem. n acc. pl. == haec. e-ka.
okak X. 2. XI XVI 5. [e]kak XXVI 1. pr. d. f. abl. s, ad-
 verbial == hāc, i. e. hīc, in hoc loco. ĕ-kā-k.
ekhād XIV. pr. d. f. abl. s. adv.   osk. ĕkāk. ĕ-kh-ā-d.
ekask I. b. 1. pr. d. f. nom. pl. == haece. ĕ-kā-s-k.
ekans X. 7. pr. d. f. acc. pl. == has. ĕk-ā-as.
ekik XXIV. pr. d. n. loc. s. == hīc. ĕ-ki-k
ekkum II. 27. 41. adv. == item. für e-k-dum (aus *-djum, dium,
 acc. von dius (tag) verallgemeinert gerade, eben wie lat. -dem
 aus diem in pri-dem u. a.
ex III. 8. ekss II. 10. adv. == sic, ita. aus pron.-st. ĕ-k- mit
 locat. oder compar. suff. -s.
exāc III. 5. 23. pron. dem. f. abl. s. adverbial == hāc. s. osk. post.
 für *ĕ-c-sā-c.
exaiscen III. 25. pr. d. f. abl. pl. mit postpos. -en == hisce in..
 für *ĕc-sā-is-e-en.
exeic III. II. 17. 26. pr. d. n. loc. s. == hoc. für *eu-se-i-c.
eksuk XXXVII. pr. d. n. abl. s. == hoc. e-k-su-k.
embratur LVI. 27. st. m. nom. s. == imperator. em-br-ā-tur.
 s. bratom.
en III. 9. praep. c. acc. - in; umbr. en, i-, gr. ἐν, arkadisch,
 kyprisch ἰν; in zusammens. osk. mit urspr. a: an-, am- zu gr.
 ἀνά, skr. anu. postpositio in constom-en u. a.
Entrai I. u. 8, b. 10. adj. cogn. denc. dat. s. == ? aus en-
 -| suff. -t.o,ro, vgl. unter. 'die zwischen (den streitenden par-
 teien) stehende, vermittelnde' (vgl. inter-venire). nach Momm-
 sen aus negat. en- und altl. truare (== movere) == immota
 i. e. tuta. nom.-st. en-tro-.
eso) II. 49. pron. dem. n. loc. s.   (in) eo. pron.-st. e-so-.
esidum XXIX. esidu XXVIII. 7. pr. d. m. nom. s. == idem.
 e-i-dum.
esut XXXV. pr. d. n. accus. s. — hoc. ĕ-so-t.

estnd II. 40. 44. III. 12. 23. 26. 30. 37. *impf.* = esto. zu *inf.* ez-um. es-tud

esuf III. 10. 21. esauf XXVIII. 6. *st. n. nom. s.* = caput in iuristischem sinn, d. i. rechtliche 'Existenz', rechtsfähige person, *vgl. ausdrücke wie bei Cicero:* capite censi *i. e.* qui omnino nihil in suum censum praeter caput attulissent (Rep. 2. 22) *und* censa civium capita *bei* Liv.; capitis deminutio maxima u. ä. so L. *Lange;* nach der gewöhnlichen erklärung wäre esuf = praedium, grund und boden, im gegensatz zu eituo 'fahrende habe, gold'. *s.* castrous. *con* √ es (esse). *eine ähnliche bildung ist litauisch* es-u-ba = 'wesen' d. i. heimwesen, gut. ês-u-f.

etanto III. 11. 26. *pron. fem. nom. s.* = tanta, *nmbr.* etanta, zu *skr.* ê-tâvnt, ê-tâvant *und* tâvat, tâvant (so gross, so viel, tantus). *pron.-st.* e-tânt-o-.

V.

V. XI. XII. *sigle für osk. praen.* Viibis.

Vaaviis XLII. *n. pr. m nom. s.* - *Vavius.

vaamunim XXXVII. 6   ? *gen. plur.?*

valaemom III. 10. *adj. n. nom. oder acc. s* = optimum, validissimum, *hier in substant. sinn gebraucht* — 'das beste', salus. val-ae-mo-m *von einem nom.-st.* valo- *zu skr.* vala *oder* bala (adj. stark, n. stärke) *con skr.* √ var (wollen, wünschen); *vgl. skr.* vara (adj. 'das gewünschte', *daher* das beste), *got.* vaila (gut, wol).

Vezkei I. a. 2, b. 3. *n. dei. dat   s.* = Vetusio *für* *vêt-e-k-. *ret-es-ek *zu* vet-us, Fír-o.s. *skr.* vat-sa (jahr). *vgl. altl.* senec-is (senis).

Vei LVI. 22. *abgek. münzanschrift für* *Veibiu = Vibo *oder* Hipponium, *heute* Montelcone.

Velliam LI. 7. *n. pr. acc. s.*   Velliatom. *für* *Velli-āt-(o)m. *von nom.* *Velli-āz = Velliatis.

Verehasiúi I. a. 11, b 14. *cogn. dei. adj. dat. s.* = Virgario. dem wachstum verleihenden. *nom.-st.* verch-äs-io-, *zu latein.* virga. *v. skr.* √ var (wachsen). *nach Mommsen zu* verum (civitas. = Publico?

— 31 —

vereiâs XLVI. *st. f. gen. s.* = civitatis, rei publicae.
vereiia) XVI. 2. *st. f. dat. s.* = civitati, bürgerschaft. *nom.-st.*
ver-ïiü *zu lat.* vira, *got.* vair, *ahd.* wēr, *skr.* vīr-a (held, krieger),
von skr. √var (umgeben, bedecken, schützen), *vgl. lat.* cūria
für *co-viria.

Ϝερσορι LIII. *cogn. dei. st. m. dat. s.* — Versori, *i. e.* Τρο-
παίῳ, qui hostes in fugam vertit *r. skr.* √vart (sich drehen),
lat. vert-ere. *nom.-st.* ver-sor- aus *ver-tor.

veru XXXVII. 1. *st. n. acc. s.* = portam. *vgl. umbr.* vēru-fe (ad
portas) *zu skr.* dvāram (tor, tür), *gr.* θύρα, *got.* daúr (*neutr.*),
ahd. tor, *lat.* for-e-s *als* 'loch' *r. skr.* √dhvar (verletzen, zer-
stören). *nom.-st.* ver-o-.

Vesiĺis| VII. *gent. m. nom. s.* = Vesius.
Vestirikiiūi II. 1. *gent. m. dat. s.* = Vestricio *r. skr.* √vas
(leuchten). *nom.-st.* ves-tiri-k-īo-.

vesú XI. 5 = ?
Vesullials XXIV. *gentil. m. nom. s.* = Vesullineus. *r.* √vas.
vìa) II. 57. *st. f. loc. s.* = (in) viā.
viam II. 33. X. 2. vìa X. 5. 8. *st. f. acc. s.* = viam.
vĭāss X. 7. *st. f. acc. pl.* = vias. *s.* viā.
Viibis III. *praen. nom. s.* = Vibius *vgl. dal.* Viibius, Vifius,
Ονιίβιος. *nom.-st.* vib-io-.
Viinikiis XVI. 4. *gentil. nom. s.* = Vinicius. *zu latein.* vinum.
nom.-st vīn-ik-io.
Vilineis XLII. 6. *u. pr. nom. s.* = Vilineius. *nom.-st.* vil-
īn-io-.
vincter III. 21. *praes. ind. s. pass.* = vincitur, *i. e.* convin-
citur. *r.* √vi, *gvi, *skr.* ji (siegen), *vozu* vĭs, Ϝίς, βί-α.
vinc-te-r.
Virriin LI. 1. *n. pr. nom. s.* = *Virrius, *vgl. lat.* Verrius,
Verres. *nom.-st.* virr-io-.
Virriis LI. 2. *u. pr. nom. s.* = *Virreius. *nom.-st.* virr-ēio-.
Ϝιριννς XX. *n. pr. gen. s.* = Virini, *su nom.* *Virīns = Virīnus.
nom.-st. vir-īno-.
Visklĭŋĭis LVI. 9. *auf einer campan. münze.* = Viscinius.
Vĭteliá LVI. 29. *n. pr. f. nom. s.* = Italia, *d. i.* Corfinium *als
hauptstadt der bundesgenossen im socialkrieg.* vīt-ĕl-ia 'das

rinderlund' *zu gr. ἰταλός, lat* vit-ulu-s, vit-ul-a, *umbr.* vit-lu-f, vit-lu-f *(m f. acc. pl.), skr.* vat-sa- *(m* kalb.)
v i u II. 56, X, 4. *st. f, nom s. =* viu *vgl. osk.* ve-ia (wagen) *und* veiatura (vectura) *bei Festus; umbr.* vea, via, *sub.* a-via-tas (= *ambivectas), altl.* vela, veh-eis, *skr.* vah-a (*w.* wagen, weg) *v. skr.* √vah (fahren, tragen), *gralf.* *vagh, *rosu got.* wigs, *ahd. nhd.* wec, weg *u. a. nom.-st.* vi-ā.
ϝολζίκhap XXXV. *infin. = extruere, denomin. d. ō-conj. zu lat.* vallare, *v. skr.* √var (decken, bergen, schützen), festigen, fest bauen volk-a-am.

Z.

Z. XXIII. *sigle für einen männlichen vornamen*
zicel[ei] III. 7. *st. m. loc. s.* = (in) die.
ziculud III. 16. *st. m. abl. s.* = die.
zicolois III. 25. *st. m. abl. pl.* = diebus.
zicolom III. 14. 17. *alupk,* zico. III. 15. *st. m, acc. s.* = diem. *nom.-st.* zi-colo- *für* *diē-colo-, *vgl.* [d]iikūlūs *und lat.* diē-cula; *spätl.* zies (dies); *skr.* diva-m (tag) *v.* √div (glänzen).

H.

H. XXIX. *sigle für einen männlichen vornamen.*
h a p i e s t III. 8. *fut. I. ind. s.* = habebit. *s.* hipust.
He irennis VI. Heirens XLII. 7. *gentil. nom. s.* = Herennia. *s.* Herenniu. *nom.-st.* her-ĕn-n-io-.
Helvi I.V. Helleviīs LI. 4. *gent. nom s.* - Helvius. *vgl. ital.* Helavius *zu lat.* holus, helvus, helvolu, *gr.* χλόη, *ahd.* gruoni, *skr.* hari grün, gelb; *v.* *√ghar. *nom.-st.* hell-e-v-io-, hel-v-io-.
Hereklei IV. a Herekluī l. a. 13. b. 16. *n. pr. dat. s.* = *altl.* Hercolei, *sub.* Hercle, *aequisch* Hereklei.
Herekleis II. 11. 24. 30. 32. Ϝερεκλε[ι]ς XLI. 2. *gen. s.* = Herculis, Ἡρακλέους, *griech. lehnwort.*
Hěrěnniu IV. u. Hěrenni XXXVII. 5. *gentil. nom. s.* = Herennius *v. st.* hěr-ĕ-d- (*lat.* hěr-e(d)s), *v. skr.* √har (nehmen). *s.* Heirens, horest.

Herentatei IX. 2. *abgek.* Her. XXIII. *n. deae. dat. s.* = Veneri. *nom.-st* hĕr-ĕn-t-āti-.

Herentatcis IX. 1. *u. deae. gen. s.* = Veneris, Voluptas. *vgl. altl.* Herem Marteam, Herie Iunoni *und den frauennamen* Herentatia. *v.* √har *s.* herest.

herest III. 12. 18. 24. 26, *fut. I. ind. s.* = volet, *umbr.* heries. *s.* [h]errins. hĕr-ĕ-at.

hĕriiūd I.I. 9. *praes. conj. s.* = capiat, *umbr.* her-i-ei. her-I-iā-d.

[h]ĕrrins II. 54. *perf. conj. pl.* = ceperint *v. infin.* *hĕr-ŝ-um *v.* √her, *skr.* har (nehmen, wegnehmen) *und dann wie skr.* √hary *in vergeistigter bedeutung* lieben, wünschen, begehren (*vgl.* cupio-capio), *grdf.* √*ghar, *wozu got.* gair-n-a, *ahd* ger-ōn (begehren) *u. a. gr.* χάρ-ις, χαίρ-ω. *vgl. sab.* hirĕ-to-m *(part. praet.)*. hĕrr-ī-ns

Herukinai IX. 2. *cogn. deae. dat. s.* = Erucinae, Ἐρυκίνη, *bein. der* Venus *v. berg* Ἔρυξ, Eryx *in Sicilien, heute* Monte di San Giulano.

hīpid III. 8. 14. 17. *perf. conj. s.* = habuerit. hīp-I-d *aus reduples.* *hī-hīp-I-d.

hipust III. 11. *fut. II. ind. s.* = habuerit. *aus reduples.* *hī-hīp-u-st. *vgl. umbr.* habe (habet); *got.* hab-an, *ahd.* hap-ēn, *alts.* habb-ian, *engl.* to have *v.* √ha-p, *grdf.* *gha (dauerhaft, fest sein).

hürz I. b. 23. *st. m. nom. s* = templum. *für* *hùr-t-s *v. nom.-st.* hor-to-.

hùrtìn I a. 1. *st. m. loc. s.* = (in) templo.

bùrtù I. b. 2 *st. m. dat. s.* = templo.

hùrtùm I a. 20. *st. m. acc. s.* = templum. *nom.-st.* hor-to- *formell* = *lat.* hor-to-, *gr.* χορ-τό-ς, *deutsch* garten, gehege, hof, *hier der tempelbezirk; tò τέμενος. vgl.* co-hor-(t)-s (zusammengehegte heeresabteilung).

Hùrtiis XXIII. *gentil. nom. s.* = Hortius. *nom.-st.* hùr-t-io-.

Husidiis XLVIII. *gentil. nom. s.* = Hosidius. *nom.-st.* hosid-io-.

I.

ìak XXVIII. 3 iŝce (?) XXIX. *pron. dem. f. abl. adv.* = hāc, hīc. ĭ-ā-k.

idik II. 17. 18. idic III. 6. 9. *pron. dem. n. nom. acc. s.* = id. id-i-k.

Ieŝis LVI. 26. *gentil. m. nom. s.* — Iegius, ein sonst nicht genannter chef im socialkriege. iē-ŝi-s.

ivdalleosii XXXIX. = ?

izic III. 1. 7. 14. 29. 30. *pr. dem. m. nom. s.* = is. i-z-i-c.

ŝiv. XXXII. = ?

imaden X. 10. *adj. f. abl. s. mit enklit. locat. -ēn (v. pron.-st. i) adverbial* = inde ab ˡmā d. i. a fundamento. *vgl.* eizu-c-en. ˡ-mā-d-ēn.

inim II. 11 mal. XXVI 2. in\ X. 8. XXXVII. in\ XXVII.

inim III. 6. in. *(abgekürzt für* inim\ III 20 mal

einein XXXVI. ειν XXXV. – et, *umbr.* eins, ᵉnom, ᵉnom, *formell = lat.* enim, *eine acc.-form vom zusammenges. pron.-st.* ei-na. ē-na. *skr.* ē-na, *wozu lat* oi-nu-s, oe-nu-s, n-nu-s, *gr.* οἶ-ϝό-ς, *got.* ai-n-s aus grdf. *ai-na-. ˡ-ni-m, ei-nei-m.

ip II. 34. *adv.* = ibi, *umbr.* I-fe, *abgestumpfter locat. r. pron.-st.* i-p(a); *dieses* -pa *erscheint in lat.* i-p-sus, i-p-se, *skr.* a-pa (ab, von) *u. a.* I-p.

isidum XVI. 7. isidu XII. isidu XI. *pron. dem. m. nom. s.* = idem, *altl.* eis-dem. *s.* ekkum. i-s-i-dum.

ist II. 12. 15. 31. 34. 49. 56. *praes. ind. s.* = est, *umbr.* es-t, *gr.* ἐσ-τί, *deutsch* is-t, *engl. niederd.* is, *skr.* ás-ti. *s.* ezum. is-t.

Iuvels X. 7. XLVII. *n. dei. gen. s.* = Iovis, *sab.* Iov-es patr-es, *umbr.* Iuve patre. *vgl. altl. nom.* Iovis = Iu-ppiter. *s.* diūvei. iūv-els.

Iuviia X. 8. *adj. f. acc. s.* = Ioviam, *vgl. umbr.* iuvio-, iovio- = iovius, *adj. von ital.* Iovis. *nom.-st.* iōv-Io-.

Iuvkilui II. 4. *gentil. dat. s.* = Iovicio. iūv-k-io-.

iuk II. 37. 42. ioc III. 4. *pron. dem. f. nom. s.* – ea. ˡ-o-k.

ioc III. 5. *pr. d. n. acc. pl.* = ea. i-o-c.

ionc III. 12. 17. 26. *pr. d. m. acc. s.* = eum, i-o-n-c.

iussu X. 5. i[us]su X. 10. *pr. d. m. nom pl.* —< eidem, ˡ-us-su *für* *ˡus-dum. *s.* ekkum.

K.

(̣̂). III. 26. 29. *sigle für* quaestor.
Kaal XLVIII. *praen.* = Cālavius?
cadeis III. 6. *st. n. gen. s.* — petiti, petitionis, gesuch, bitte
  v. √kad, *skr.* chad (bitten). *nom.-st.* cad-o-.
Kаɩаs XXXV. *n. pr. nom. s.* = Cahas.
kаɩаs XLVI. ?
ka(l)la X. 6. *st. f. acc. s.* cellam ?
Kalati, Kalat, Kala LVI. 6. *abyek. für* *Kāl-āt-ɪno-m =
  Calatinorum, *einwohner von* Calatia *in Campanien, heute* S.
  Giacomo delle Galazze.
Kаλενɪ; XXXVI. *gentil. nom. s.* = Calinius. *vgl. lat.* Cālenus,
  Cāles. *nom.-st.* kāl-īn-io-.
Kaluvis XL. 1. *gentil. nom. s.* = Calvius. *nom.-st.* kāl-u-v-io-.
Kāpv. LVI. 4. *abyek. für* *Kapvā = Capua. Καπύη.
Kaprū IV. b. *adj. m. nom. s. abyek. für* *Kapvāns = Capua-
  nus. *nom.-st.* kap-v-āno-.
kапɩδɩтωм XXXV. *st. n. acc. s.* = ollarium, *v. e. denom. t-st.*
  v. lat. capi(d)s, 'ein mit einem henkelkrug versehenes ding.'
  kap-id-ɪ-tı̄-m.
carneis III. 3. 7. *st. f. gen. s.* = partis. *vgl. umbr.* mestru
  karu (maior pars); *lat.* car-o, car-nis, car-do. *v. nom.-st.* car-
  -n(ā)-, *v.* √kar, *urspr.* *skar (schneiden), *wovon skr.* √kar-t
  (zer-, abschneiden), *vgl. skr.* kirna (verletzt).
cantrid III. 8. *st. m. abl. s.* = capite?
castrous III. 13. *st. m. gen. s.* capitis? *hier im iurist. sinn.*
  u. eauf. v. √kad (in *kad-кaσ-το*, übertreffen, hervorragen)?
  nach Corssen = grundstück *zu lat.* cas-tru-m *von skr.* √chhad
  (tegere). *nom.-st.* cas-tru-.
cebnust III. 20. *fut. II. ind. s.* advenerit. ce-bn-u-st, *dem.*
  part. ce- (in *lat.* ce-dite, ce-tte) *u.* √ben (ven-ire); *vgl. gr.*
  βα-ί-ν-ω, *skr.* √ga-m, *urspr.* ga (gehen), *woron got.* qui-m-an
  (kommen) *u.* ga-g-gan (gehen.)
cēvs III. 19. *st. m. nom. s.* = civis, *altl.* ceivis, *u.* √ki *skr.*
  çi (liegen), *wovon gr.* κεί-μαι, *got.* hai-m-s (haus, dorf), *ahd.*
  uhd. heim. *also* civis 'der heimische' *im gegensats sum* per-

egr-inu-s 'der ausländer ». *um in-col-a 'der insass'. nom.-st. cē-vi-.

keenzstur XXVIII. 4. st. m. nom. s. = censor. s. censtur.
kēnzeūr XLVIII. st. m. nom. pl. = censores. s. censtur.
cēnsŭzet III. 19. fut. I. ind. = censebunt. cēns-ū-zēt.
censāmur III. 19. impf. pass. s. = censetor. cēns-ā-mur.
censtum III. 20 infin. = censere. cēns-ŭ-um.
censtom-en III. 20. st. n. acc. s. = in censum. für *cens-ŝ-to-m mit postposit. en (= in).
censtur III. 27. 28. st. m. nom. s. = censor.
censtur III. 18. 20. st. m. nom. pl. = censores. v. skr. √çams (ansagen, erzälen, anzeigen). vgl. skr. çams-tr (lobsänger, schmeichler). nom.-st. cens-tŏr.
Kerrī I. a. 3, b. 7. n. deae. dat. s. = Cereri. vgl. altl. Cĕrus, gen. Ceri, = creator, sabell. nom. f. Ceric, praen. Cerrinus, gentil. Cerrinius, v. skr. √kar (machen, tun). nom.-st. ker-r-aus *ker-es-.
Kerrīiaī I. a. 4. 6. 22. 23. 24, b. 11. adj. f. dat. s. = Cereali.
Kerrīiaīs I. a. 7. adj. f. dat. pl. = Cerealibus.
Kerrīilu I. a. 2. adj. m. loc. s. = (in) Cereali.
Kerrīiuī I. a. 13. kerrīiuī I. b. 16. adj. m. dat. s. = Careali.
Kerrīiuīs I. a. 9. 10. adj. m. dat. pl. = Cerealibus. adj.-st. ker-r-lio- = lat. *cer-er-clo- v. sbst.-st. ker-r, = lat. cer-er- vgl. die lat. inschrift: Augustae Bonae Deae Cererie sacrum.

kvaīsstur XVI. 4. LII. [k]vaīsstur XIV. XVII. st. m. nom. s. = quaestor, altl. quaistor, umbr. kvestur.
kvaīst[u]rei II. 2. st. m. dat. s. = altl. quaistorei. vgl. altl. quaesere = quaerere. v. √kis, skr. ç̌ish (aussuchen, ausscheiden), vgl. umbr. kves-tr-e-tie (quaestura). nom.-st. kvais-tŏr-.
Kīlpīls XXXVII. 3. n. pr. nom. s. = Cipius. nom.-st. kīp-io-.
Klar|is. XXV. cogn. nom. s. = Clarius. nom.-st. klur-io-.
Kluva XLII. 15. nom. f. = Cluvia?
Kluvī XLII. 15. nom. s. = Cluvius. vgl. osk. Klovatos, Clovatius.
Klum LI. 1. gentil. = *Clumnius. vgl. etrur. Clumnei   *Clumnia.
Km. XXIII. XXXIII. sigle für d. praen Cominus.
com III. 15. 23. con III. 16. ;küm- in zusammensetz. II. 10

III. 4. LI). *praep. c. abl.* = cum, *altl.* quom, con, *umbr.* kum, com. *acc.-form v. relat.-st.* quo-. s. pon.
kùmbened II. 10. *perf. ind. s.* = convenit. kùm-bĕn-ĕ-d.
kùmbennieis XVI. 5. LII. *st. m. gen. s.* = conventus. *nom.-st.* kom-bĕn-u-io- *für* *kom-ben-t-io- *v.* √ben (venire). s. ce-bn-ust.
comenei III. 21. comonei III. 5. *st. n. loc. s.* = (in) comitio, *sabell.* kom-en-ei.
comono III. 5. 7. 8, *bis*. 11. 14. *st. n. acc. pl.* = comitia.
comonom III. 17. *st. n. acc. s.* = comitium. *nom.-st.* com-en-o-, *v. skr.* √an (atmen), *lat. in* an-i-mu-s, an-i-ma. *rgl. die metaphern* un-an-imis, con-spir-atio *u. a.*
comparascuster III. 4. *fut. II. ind. pass. s.* = coacta, conquisita (*sc.* multa) fuerit. *v.* inchoativ *com-par-a-sc-um = *lat.* *com-po(rc)-sc-ere 'zusammenfordern' *v.* √park, *skr.* prachh (fragen). s. pestlom.
contrud III. 11. 17. 25. *praep. c. loc.* = contra.
Kapelternam LVI. 2. *n. pr. m. gen. pl.* = Compulterinorum, *einwohner von* Compulteria *am* Volturnus *bei* Caiatia (Cajazzo).
kùru XXXII. = ?
Κοττεinιs, *abgek.* Κοττει, Κοττει XLIII. *n. pr. gen. s.* = Cottii. *nom.st.* kott-ēio-.

L.

L. IX. XXV. *sigle für d. praen.* Lucius.
λαβεκις XLI. 2 = ?
lamātir III. 21. *praes. conj. pass. s.* = dominatur. *viell. zu skr.* √klam (ermüden). *durch dieses verbum ist die handlung der capitis deminutio bezeichnet.* lam-ā-ti-r.
Lādinei LVI. 20. *n. pr. n. loc. s.* = Larini.
Ladinud LVI. 20. *n. pr. n. abl. s.* = Larino d. i. zu Larinum, Λάρινον, *heute* Larino *im Frentaner land. nom.-st.* lad-īno-.
leigùss XXVIII. 9 *st. m. acc. pl.* = cives? wähler, vollbürger? *zu* legere, col-leg-a, leg-itimus. *nom.-st.* leig-o-.
λιικεις XXXV. *perf. ind. s.* = pollicitus est. *v. verbalst.* lik-*su lat.* lic-eri, lic-et, s. liklud. leik-ei-t.

— 38 —

l i g a n a k d ì k o ì I. a. 8, b. 10. *n. drae. dat. s.* = ? nach Mommsen = 'lege tutae possessioni'. lig-an-ak-d)k-s = lege "in-exdis ("exdicere = evincere), quae lege non evinci potest, *also die göttin des rechtlich gesicherten besitzes*.
l i g a t ù ì s II. 6. 7. *st. m. dat. pl.* = legatis. *partic.-st.* lig-ä-to-.
l) g u t (ù s] II. 9. *st. m. nom. pl.* legati.
l i g i s III. 25. *st. f. abl. pl.* legibus. lìg-ìs; *nom.-st.* lig-.
l i g u d III. 19. 24. *st. f. abl. s.* lege, *vgl. volsk.* lixs (leges). lig-ud.
l i ì m i t ù [m] II. 29. *st. m. acc. s.* limitem. *nom.-st.* li-mi-t-.
I l i a d XXVIII. = ?
l i k i t u d II. 36. l i c ï t u d III. 13. 16, bis. 26. 27. 35. *impt. s.* liceto *r.* √ric (sich ausdehnen). lik-i-tud.
Λ ι ο κ α ν ε ι τ XXXV. *perf. ind. s.* = collocavit. l:ok-ük-ei-t = 'locum ëg-i-t'.
L ù v k · n u t e i s XLVI. *adj. f. gen s.* = Lucanalis. *nom.-st.* lov-kän-ati-.
Λ ο υ κ α ν ό μ LVI. 21. *n. pr. m. gen. pl.* = Lucanorum, *gr.* Λουκανών, *brvκανών, Λουκανών, bewohner von* Lucania, *heute* Basilicata, *vgl. altl.* Loucanam, *zu skr.* √ruch, *urspr.* *ruk (leuchten, strahlen). *nom.-st.* lov-k-ino-.
L u v k i s LI. 7. L u v i k i s LI. 5. *ρι nen. nom. s.* Lucius, *vgl. altl.* Loucii *und* loue-eus. *nom.-st.* luv-k-io-.
L ù v k l LVI. 31. *gent. nom. s.* = Lucilius. *nom.-st.* lov-k-l-io-.
l ù v f r e i s XLVII. *adj. m. gen. s.* liberi.
l o u f (r u d] III. 6. *adj. s. abl. s.* libero. *nom.-st.* lovf-ro-, loufru- *= lat.* lib-e-ro-, *vgl. altl.* loeb-es-u-m (liberum), loeb-ertat-em, *falisk.* lof-er-ta (lib-er-ta), *r. skr.* √lubh (begierig sein, begehren), *woron got.* liub-s, us-lauh-j-an, *ahd.* liub-an, ur-loab.
l u v f r i k ù n ù s s XXVIII. (*so, nicht* louf- *wie Corssen in Ausspr. I. II. hat Fabretti*, C.I.I. 2873. *ter*, *tab.* LIV, gloss. ital. col 2090). *st. m. acc. pl.* = ingenuos. lovf-ri-ko-n-u-ss = *lib-erige-n-o-s, v. skr.* √ja. *s.* G]avieis.

M.

M. XXIV. XXIX. *siglo für* meddis.
M a i II. 1. 4. M a XVII. *obgek. gen. des praen.* Maia.

Maakdiis, Makdiis LVI. 25. *n. pr. m. nom. s.* == Macidius. *nom.-st.* māk-d-io-.

Maakiis LVI. *n. pr. m. nom. s.* == Maccius?

Maamils (?) XXXVIII. *n. pr. nom. s.* == Mammius.

maatrels XXXI. *st. f. gen. s.* = Matris (deae), *vgl. dor. aeol.* μάτηρ, *engl.* mother, *ahd.* muotar, *skr.* mātar- 'wirkerin' *v. skr.* √mā (bilden).

Maatùis I. a. 10, b. 13. *n. deum. dat. pl.* == Matutinis (dis). *adj.-st.* mat-o- *zu lat.* ma-ne, mater Mā-tu-ta, *v. skr.* √mā (messen).

Mahiis XXXIV. 1. *n. pr. nom. s.* == Magius. a. Mals.

Maiiòi II. 1. Maiiù[i] II. 3. *praen. dat. s.* == Maio, *vgl. lat.* Maiius, *s.* Mals.

maimas III. 3. 7. *adj. superl. f. gen. s.* == maximae, *superl.-st.* ma-ï-mo-.

mais III. 5. 15. 25. *adv. comp.* == magis. ma-i-s, ma-i-mā-s *mit schwund des g. vgl. d. osk. namen* Ma-es-tr-iu-s, Me-s-tr-iu-s, Ma-esiu-s, *umbr.* me-s-tr-u (magister), *italien.* maestro, *fr.* maître, *ahd.* me-is-tar, *got.* ma-is, maist-s (grözter), *engl.* master, mister, *neben got.* mik-il, *ahd.* mich-il (gross), *v.* √grdf. *magh, skr.* mah (wachsen, gross sein).

Mais VII. Mais XL. *praen. nom. m.* == Maius. *nom.-st.* ma-io-.

mallom III. 5. 15. 22. *adj. m. acc. s.* == malum.

mallud III. 20. malud III. 11. *adj. m. abl. s.* == malo. *nom.-st.* māl-o-, mall-v-.

Μαμερτινο XXXVI. *adj. f. nom. s.* == Mamertina (sc. τοῦ τo, civitas). *nom.-st.* mā-mēr-t-īno-.

Μαμερτινουμ XLV. LVI. 24. *adj. m. gen. pl.* == Mamertinorum, *samnit.* Colonie *in* Messana. mū-mer-t-īn-o- *v. redupl.* √mar (glänzen), *vgl. altl.* Mar-mar, *sub.* Mā-mer-s (Mars), *lat.* Mā-mur-iu-s, Mū-mer-cu-s, mar-e, *got.* mar-ei, *nhd.* meer.

manim III. 24. *st. acc. s.* == manum, *vgl. umbr.* mani (manu), *v. skr.* √mā (messen). *nom.-st.* mā-nu-.

Marai V. Μαραι XLIV. 5. 6. *praen. abgek. gen. s. für* *Maraieis *v. nom.* Marais (?) == Maraius (?).

Μαραιιεις XXVIII. *praen. nom. s.* == Maraisius.

Μαρας XXXVI. *praen. nom. s.* == Mars.

mêd. IV. IVb. XI. XII. XIII. *abgek. nom. für* meddis.

— 40 —

μεδδείξ XXXVI. meddiss VI. *st. m. nom. pl.* — meddices.
meddis V.XXVI. 2. meddis III. 8. 12. 18. 20. meddiss IX.
st. m. nom. s. = meddix.
mEdikel II. 5. *st. m. dat. s.* := meddici.
medikeis X. 9. *st. m. gen. s.* = meddicis.
meddixud III. 13. 21. *st. n. abl. s.* = officio (meddicis). *durch
assibil. con ti, tj aus* *meddic-t-io-ni, *das officium, die potestas
des meddix.* III. 13. *pru meddixud gemäsz, kraft seiner amts-
gewalt, in der eigenschaft als magistrat (subject ist pis, scil.
meddis).*
medicatud III. 24. *st. n. abl. s.* = magistratu. *s. pro. nom.-st.
medic-ā-to-.*
medicatinom III. 16. *st. f. acc. s.* = iudicationem, iudicium,
urteil, urteilspruch, '*das ergebnis der amtstätigkeit des meddis'.
nom.-st. medic-ā-t-in-.*
medicim III. 30. 31. 33. *st. n. acc. s.* = magisterium. *für*
*medic-io-m.
metd XXV. *abgek. nom. s. für meldis, aus* *m-t-i-deik-s 'rat-
sprecher'. *s. deicum. zu gr. μήτις, lat. metiri, v. √ mā (meszen).*
Meelikiiois X. 7. *adj. m. gen. s.* = Μειλιχίου, *gr. lehnwort,
vgl Ζεὺς μειλίχιος i. e.* placidus, placabilis *v. μείλισσω.*
Meisiava[s] XXXV. *n. pr. m. dat. s.* = Meisionae. *nom.-st.
mei-si-ānā-.*
Melissaii XXXVIII. 2. *n. pr. m. nom. s.* = Melissaeus.
mem[n]im I.I. 9. *st. n. acc. s.* = monumentum *für* me-m[e]n-
io-m, *vgl.* me-min-i, *rell.* Men-er-va, *μι-μν-ή-σκω, r. skr. √*man
(denken), *wozu ahd.* mau-on (erinnern, mahnen).
[m]esinam III. 31. *st. gen. pl.* = mensium. *vgl. sub.* meseus
(mensis), *r. √*mā (meszen).
Metiis XXXIV. *gentil. nom. s.* = Metius. *nom.-st.* met-t-io-.
mef[a] (?) II. 30. *adj. f. nom. s.* = media.
mefiai II. 57. *adj. f. loc. s.* — (in) mediā, *vgl. umbr.* mefa
(media), *gr.* μέσσος *für* *μεθ-jo-ς, *italien.* mezzo, *got.* mid-ji-s,
ahd. mit-ti, *skr.* madh-ya- (medius). *nom.-st.* met-io-.
Mefltaiiais XXXVIII. I. *n. pr. nom. s.* =*Meditaeus (?)
Mh. V. XXXIV. 2. *sigle für* Mahiis.
M l. LVI. 20. = Minius, *abgek. praen. des* lelis. *s. dieses.*
min[s] III. 10. *adv. comp.* = minus, *got.* mins (kleiner).

mìnstreis III. 12. 27. mistreis III. 18. 34. *adj. comp. gen.
s.* = minoris, *formell* = *lat.* min-is-tri *comp.-st.* min-s-tro-.
Mitl XXXIV. *praen. nom. s.* = Mutilus ?.
Mr. XVI. 4. XXXVII. XLII. 4. LII. LVI. 31. *sigle für praen.*
Maras.
mùìnikàd II. 50. mù[ìni kàd] II. 15. *adj. f. abl. s.* = communi.
mùinikei II. 19. *adj. n. loc. s.* (in) communi.
mùiniků II. 22. *adj. f. nom. s.* = communis.
mùini[kům] II. 18. *adj. n. nom. s.* = commune. *nom.-st.* moi-ni-ko-, *rgl. altl.* co-moi-nom, municus, municare = communicare, moinicipium, moenire, *got.* ga-main-s *v. skr.* √mn (binden).
moltam III. 2. *st f. acc. s.* = multam
multas V. moltas III. 13 27. *sf f. gen. s.* = multae.
mùltăsikad LII. *adj. f abl. s.* = multaticia, *rgl. altl.* moltati-ko-d. *nom.-st.* mol-t-äsi-ko-.
moltaum III. 12. 13. 18. 26. 27. *infin.* = multare. mol-t-ā-um.
molto III. 11. 26. *st. f. nom. s.* = multa, busze, geldstrafe, *riunμa,* strafsatz, *altl.* molta, *umbr.* muta, mota, *skr.* smr-ti-s *(fem.* überlieferung, rechtsherkommen, rechtssatzung) *v. skr.* √smar (sich erinnern, gedenken). *nom.-st.* mol-tā
Mulukiis V. *n. pr. nom. s.* = Mulcius, *rgl.* Mulutia Felicula, *zu lat.* mulcere, *v. skr.* √mrç (berühren, streicheln), *urspr.* √mark. *nom.-st.* mul-u-k-io-.
Mutil LVI. 27. 28. 30. *cogn. nom. s.* = Mutilus, *s.* Paapii *nom.-st.* müt-ilo-.

N.

N. III. 12. 26. *nota für* nummus.
N. X. 1. Ni. XIII. XLII. 3. *sigle für praenom.* Niumeriis *od.* Niumsis.
ne III. 14. 25. nei III. 20. 28. ni III. 8. 14. 17. *conjunct.* = nĕ, *altl.* nē, nei, nī. neisvae = nisi, *umbr.* no-sve. *rgl. sab.* nipis (nequis); *durch steiger. aus* nĕ (*in lat.* nĕque, nĕfās), *ahd.* nĕ, nī, *nhd.* n-icht *aus ahd.* ne iht, no wiht *d. i.* nicht ding, *skr.* na (nein, nicht). *s.* svae, pon.

— 42 —

nep II. 46. 47. III. 10. 28. LL 6. 8. 9. neip III. 15. *conjunct.*
negat. = nec, neque. III. 28. = neve. II. 46. 47: nep ...
nep = neque ... neque, LI. 6. 8. [nep] ... nep. III, 15:
n e i p mais nicht mehr, *vgl. zur bedeutung italien.* non mai 'niemals'. *umbr.* nē-p, nei-p. *aus* *nē-pid *wie lat.* nē-c *aus* nē-que,
*nē-quid, *ablat. v. pron.-st. osk. umbr.* po-. *lat.* quo-.
n e r u m III. 29. 31. *st. m. gen. pl.* = principum, nobilium, *vgl.
umbr.* ner-us (viris, principibus), ner-f (principes), *sab.* ner-io
(virtus), *lat. praen. u cogn.* Nero (ἀνδρεῖος d. mannhafte), *gr.*
ἀ-νήρ *für* *ἀ-νερ-ς, *skr.* nar- (mann, held). *nom.-st.* nēr-.
nēsimois III. 25. *adj. m. abl. pl.* = proximis.
nesimum III. 17. *adj. m. acr. s.* = proximum.
nesimum III. 31. *adj. m. gen. pl.* = proximorum; *umbr.* nesimei (proxime), *superl.-st.* nē-si-mo- *v. nom.-st.* *neh-; *vgl. lat.*
nec-tere, *skr.* nad-ish-ta (nächste *v. part.-st.* naddha-) *v.* √nah
(knüpfen, binden).
Nv. XXIV. *sigle für praen.* Novius.
Niumeriis XXX. Niumsis VI *gent. und praen. nom. s.* =
Numerius, Numisius, *vgl. gent.* Numisius, Νύμψιος.
Niumsieis VI. Νιυμσδιεις XXXVI. *praen. gen. s.* = Numisi, Numeri. *zu* Nu-ma *v.* √gan-, gna-, *skr.* jnā (gewahren,
erkennen, kennen); *vgl. skr.* nā-man, *lat.* nomen, *got. ahd.* nāmo. *nom.-st.* niu-m-s-io-, niu-m-er-io-.
Novellum LI. *n. pr. m. acc. s.* = Novellum.
Nuvkrinum LVI. 7. *n. pr. gen. pl.* = Nucerinorum, *einwohner
v.* *Nuvkria (*für* *novi-cer-ia) 'Neueuburg'. *vgl. altl.* Nonceriam. *nom.-st.* nuv-k-r-ino-.
Nuvlanam II. 55 *adj. f. acc. s.* = Nolanam.
Nuvlan[ôi II. 5. *adj. m. dat s.* = Nolano.
Nuvlanuis II 7 *adj. m. dat pl.* = Nolanis.
Nuvlanum II. 10. Nuvlanu[m] II. 23. Nuvlan[um] II. 25. *adj. m. gen pl.* = Nolanorum.
Nuvlanus II. 38. 47. *adj. m. nom. pl.* = Nolani, *einwohner
von* *Nuvla, *lat.* Nola (*aus* *novula) 'Neustadt' *v.* nov-u-s. *vgl.
gr.* νέϝ-ος, *got.* niu-ji-s, *ahd.* niu-wi, *skr.* nu-va- (neu, frisch,
jung). *nom.-st.* nuv-l-āno-.
Nuersuns IV. *n. pr. m. nom. s.* = Nersuus, *einwohner von*
*Nuersa, Nersae, *heute* Nesce *im Aequer gebirge. nom.-st.* nuersᵃ-ōno-.

P.

P. XV. XXXIX. 2. *sigle für praen*. Pupdiis.

Paakul V. *praen. nom. s.* = Pāculus, *vgl. osk.* Pākis, *lat.* Paquius *zu* pak, pāc-are *v.* √pac (festmachen, binden) *in* pācisci *u. a.*

paam XVI. 1. = quam. *s.* pam.

Paapii, Paapii, Paapī LVI. 27. 29. 30. *gent. nom. s.* = Pāpius, *der bekannte anführer im socialkriege* G. P. G. fil. Mutilus. *vgl. das campan. cogn.* Paapus, Pāpus. *nom.-st.* pāp-io-.

pai II. 34. **paci** III. 22. **pac** III. 22. *pron. rel. f. nom. s.* = quae. pa-i. pa-ei. pa-e *v. pr.-st.* pi-.

pai II. 15. *pr. r. n. nom. pl.* - quae, *alti,* quai.

Pākis L. *praen. nom s.* = Pācius. *s.* Paakul. *nom.-st.* pik-io-.

Palāna XLVI. *n. pr. gen plur.* (?) — Pallanorum (?) *einwohner von* Pallanum. *Hadrianer im Frentaner lande. nom.-st.* pal-āno-.

pam II. 34. XXVIII. 6 *pron. rel. f. acc. s.* = quam.

pan III. 6. *conj. rel.* - quam als, *umbr.* pan-e (*lat.* *quamde). *fem. acc. v. pron.-st.* po-, pe-.

pās III. 25. *pron. rel. f. nom. pl.* - quae.

passtata XI *st. n. acc. pl.* (? *od. f. acc s. mit geschwund. m.*) = porticum, *für* *para-stata, *vgl. gr. αἰ παραστάδες. nom.-st.* pas-sta-o-.

Patanai l. a. 14. b. 17. *n. deae. dat. s.* *Patanae, *lat.* Patella, Patellana, die öffnende, göttin der früchte e √pat- *in lat.* pat-ere, *πετ-άν-νυμι, *vgl. sikil.* πατάνα - *lat* patina. *nom.-st.* pat-āna.

patensins II. 50. 51. *perf. conj. pl.* aperuerint. *v denom.* *pat-ent-i-a-um. *v.* √pat. pat-en-s-i-nu.

pateres l. a. 25. *st. m. dat. s.* patri, *sub.* patres (*gen.*) *umbr.* mars. patre, *v nom. ital.* pat-er, *gr. πατήρ, got. fadar, engl.* father, *ahd.* vatar, *skr.* pi-tar- 'schützer, erhalter' *v.* √pā (schützen). *nom.-st.* pa-ter-.

peeslu[m] (?) XXII. - pestlum.

perek X. 6. **per** X. 4. *abgek. wort für ein längenmass,* pertica, *vgl. umbr.* perka (virgam).

peremust III. 15. *fut. II. ind. s.* = perceperit, audiverit. *w lat.* emere. per-ēm-u-st.

Perkedne[is] VI. *praen. gen. s.* = Percenni.
Perkens VI. *praen.* Περκενος XLIV. 4. Perkhen[s] XXXVII. 4. *gent. nom. s.* = Percennus. *nom.-st.* perk-e(d)-no-.
Pernai I. a. 22. *n. dvae.* = Praestiti (?). *vgl. umbr.* per-ne (vorbefindlich), pre (*praep.* vor), *lat.* prae-stites lares (die vorsteher, schützenden hausgötter). *nom.-st.* per-ni-.
pert II. 33. *praep. c. acc.* = trans, jenseits, *umbr.* pert, aus °per-tid (*ablat.*), *gr.* προτί, *kret.* πορτί, *lat.* porr-, por- (porricere, por-tendere), *skr.* pra-ti, *enklit.* in petiro-pert, am-pert, *zusammenges.* in pert-umum. *e.* √ par (durchdringen). per-t 'durchdringungsweise'.
pertemest III. 7. *fut. I. ind. s.* = adimet. port-ém-e-st.
pertemust III. 4 *fut. II. ind. s.* = ademerit. pert-ém-u-st.
pertumum III. 7. *infin.* — adimere *sc.* comitia, *von der* intercession der tribuni plebis oder anderer magistrate (meddices). *vgl. lat.* ausdrücke wie adimere imperium, potestatem. pertum-um. pert- 'hindurch-'. *s. d.*
perum III. 5. 14. 21. *praep. c. acc.* — sine. *acc. c. st.* per-o-, *skr.* para-m (drüber hinaus), *vgl. lat.* perc-n-die *für* °pero-m-diem.
pestlům XXV. *st. n. acc. s.* = templum, 'betstätte', *umbr.* persa-klu-m, *sub* pe-sc-u *acc. n.* hittopfer). *s.* comparascuster. *nom.-st.* pe-s-tlo-.
petiropert III. 15. petirupert III. 14. *adv. numer.* quater. *vgl. osk.* petora (bei Festus), *roem cogn.* Petorus, *roem. katakombeninschrift* puatuor, *arol.* πέσσυρες, πίσυρες, *beot.* πέτταρ-, *dor.* τέτρορες, *got.* fidvôr, *prakrt* chattaro, *skr.* chatvūras. petiro-pert 'vierteilweise', vierteilig, viermal. *s.* pert.
pid II. 41. 51. *pron. indef. n. rel. n. nom. acc. s.* = quid; II. 41. *für osk.* pitpit (*bei Festus*) — quidquid. pi-d.
pidum II 47. — quidem nop-nep ... pidum weder — noch auch, — und auch nicht.
piei III. 7. *pron. rel. m. dat. s.* = cni. pi-ei.
pieisum III. 6. *pron. ind. n. gen. s.* = alicuius *für* °piois-dum, *s.* ekkum.
piihjoi I. b. 15. *adj. coyn. dei. dat. s.* = pio, rein d. i. heilig. *tromtu*, *vgl. sab.* pio, paio (pio), *colsk.* pihom (pium), *umbr.* pihas (piatus), *altl.* pio, püa, *c. skr.* √ po (reinigen). *nom.-st.* pi-o-.

Pilstias I. a. 14, b. 17. *adj. cogn. deae. dat. s.* = Fidiae, *zu gr. πίστιος, vgl. Ζεὺς Πίστιος* = Deus Fidius.

pikùf XXXVII. 2. = ?

phim III. 25. *pron. ind. m. acc. s.* = quem *d. i.* aliquem. *für* *pi-m.

pis III. 13mal. *pron. ind. m. nom. s.* = quis, aliquis. pi-s.

pis III. 8. 19. 29. *pr. rel. m. nom. s.* = quis, qui, quisquis.

Pk XXI. LIII. *sigle für praen.* Pakis.

Pl. LI. 3. *sigle für praen.* Plautius?

Pr. III. 23. 27. 28. *sigle für praetor.*

Pr. III. 21. *abgek. für* practor *oder* praetoris.

praesentid III. 21. *part. f. abl. s.* = praesente. *part.-st.* praes-ent-i-.

praefucus III. 23. *st. m. nom. s.* praofectus. *nom.-st.* praefuc-o *für* *prae-fuc-co- *aus* -fac-to-.

preivatod III. 15. 16. *st. m. abl. s.* privato, *altl.* preivātād; *hier in der bedeutung von* reus, *der angeklagte dem richtenden populus, der contio gegenüber als 'einzelner', privus factus bezeichnet. v. denom.* *preivā-um (privare) *r. nom.-st.* prei-vorus *der altl praep.* prī (= prae) *prei (*aus* *pru-i), *masc. locat. v.* pru- (vor, vorragend) *in skr.* pra-thama (erster, oberster) *und als verbalpraefix. — lat.* prae *ist neben m.* prī *d. fem. locat.* — *partic.-st.* prei-v-ā-to-.

pru III. 13. 24. *praep. c. abl.* = pro. *s.* meddixud. III. 24: pru medicatud *wie im rōm.* pro contione *local zu fassen. sab.* pru, *umbr.* pru-, pro-, *lat.* prod-(ire), *abl. v.* pro-, *skr.* pra- vor, *gr.* πρό, *vgl.* πρῶτος; *got.* fru-ma; *ahd.* fru-ma (*f.* nutzen).

pruhipid III. 25. *perf. conj. s.* = prohibuerit pru-hīp-ī-d.

pruhipust III. 26. *fut. II. s.* = prohibuerit. *s.* hipust pruhīp-u-st.

prupukid II 2. *abl. s. st. oder adv.* = ? *vielt. aus praep.* pruu. √pak *in* pac-isci; decreto, öffentl. beschluss?

pruterpan III. 4. 16. = priusquam pru-ter- *acc. für* *protero-m = *gr.* πρό-τερο-ν *v. st.* pro-, *skr.* pra-; -pā-n = quam.

průfátted XII XVI. 7. XXVI. 2. pruͤfátted IV. prufatid. XI. profated XXIX. prúffed IX. prúf[at]ted XXVI. 1. [p|rúfat|ted] XXII. [pruͤ|a|tted XIV *perf. ind. s.* = probavit *d. i.* consecravit. prof-ā-t-t-ē-d.

prùfatt**n**us X. 11. *perf. ind. pl.* = probavorunt *d. i.* conse-
craverunt.
prùftuset II. 16. *ind. perf. pass. pl* = probata sunt. *part.
praet. n. nom. pl.* prùftu (probata) *mit enklit.* set (sunt) r
denom *prùt-ā-um, *a.* amprufid. *partic.-st.* prúf-tu-.
pùd II 12. 13. 14. 49. pud III. 10. 32. *pron. rel. n. nom. s.* =
quod. p -d.
π ωr XXXV. *pron. rel. n. acc. s.* = quod. po-t
pud III. 10. 23. *pr. rel. n abl s. adverbial* = quo. III 10.
damit, dass. III. 23. svae-pud si quando wann (irgend) ein-
mal p--d.
puizad III. 19. *pron. rel. f. abl. s.* = quali. po-ī-zā-d.
pùiiu XXXII. = ?
pùkkapid II. 52. [p]ocapid III. 30 pocapit III. 8. *pron.
ind- adv.* = quandoque, aliquando. *für* *p d-ki-pid.
Pokulatui II 4. *cogn. m. dat. s.* Poculato. *zu* p-culu-u
v. skr. √pā (trinken). *vgl. lat.* Poculis duis (den trank schaffen-
den göttern). *sub.* Puclois loviois. *nom.-st.* pu-ka-l-a-to-.
p llad II. 56. *pron. rel. f. abl. s. adv.* = quaecunque. *aus pron.-
st.* p(o- + ollo- = ullo- 'wo an irgend einer stelle'.
Pùmpaiiāna X. 5. *adj. f. acc. s.* = Pompeianam.
Pùmpaiianai XVI. 2. *adj. f. dat. s.* = Pompeianae.
Pùmpaiiaueis X. 9. *adj. m. gen. s.* = Pompeiani.
Pùmpaiiāns XVI. 4. *adj. m. nom. s* = Pompeianus *v. osk.
sab. umbr. numer.-st.* *pompe, *aeol.* πίμπε, *got.* fimf, *lat.* quinque
it. cinque, *skr.* panchan, *grdf.* kam-kam *nom.-st.* pùmp-āii-āno-.
pom tis III. 15. *nach der gewöhnl. erklärung* = quintum, quin-
quies, zum fünften mal. pom-t-is *Lange emendiert aus sach-
lichen gründen* tom pis = tum quis, *was ich in den text wie-
der aufgenommen habe. die lesart der inschrift* pomtis *ist auf
jeden fall corrupt: entweder lautete der stamm der ordin.-zal*
pomp-to-, *oder wenn diese im lat. beliebte consou.-folge hier dem
osk. nicht genehm war,* pon-to-; *dass das osk. aber gerade die
unbequemste aussprache* pom-to- *sollte gewählt haben, ist nicht
glaublich.*
pùn II 30. pon III. 14. 16. 18. = cum, *abl.* quom. III. 14. ne
pon = nisi *temporal so viel wie* priusquam *oder* 'es sei denn
dass'. *s. com. acc. v. rel. pron.-st.* po-.

— 47 —

Pùntiis X. 1. *gent. m. nom. s.* = Pontius. *nom.-st.* pùnt-io-.
Πομπτιες XXXVI. *gent. nom.* s. = Pomptius = Quinctius.
pùnttram X. 3. *st. f. acc. s.* = pontem. *v. nom.-st.* pont- *su gr.* πάτ-ο-ς. *skr.* path-i- (pfad, weg) *v. skr.* √pat (gehen); *ahd.* pad (pfad). *nom.-st.* pùnt-tra-.
Pupdiis XL. 3. *praen.* Pùpidiis XII. Pupidiis XI. *abgek.* Pup IV. *gent. nom. s.* Popidius. *nom.-st.* pop-id-io-.
Pupic XLII. 3. *gent. nom. s.* = Pupius. *v.* pupus *v.* √pu (zeugen) *in skr.* pu-tra (sohn). *nom.-st.* pu-p-io-.
purasiai I. 10, b. 19. *adj. f. loc. s.* = (in) igniariis. *v. nom.-st.* pur-, *umbr.* pir, *altumbr. abl.* pure (?). *gr.* πῦρ *v. skr.* √pu (reinigen, läutern), *oder zu lat.* pu-r-us — *pu-r-aria? *nom.-st.* pu-r-äs-io-.
Puriis XVIII. *gent. nom. s.* = Purius. *v.* purus. √pu. *nom.-st.* pu-r-io.
pùs I. a. 1. II. 8. 45. p[us] II. 31. *pron. rel. m. nom. pl.* = qui, *altl.* queis, *umbr.* pur-e. pu-s.
posmom III. 16. *adv. superl.* = postremum. *acc.-form für* postumo-m. *s post. rgl. umbr.* pro-mom (primum) *v. praep.* pro-.
puestiet II. 33. *perf. ind. pass. s.* = positum est *für* pùs-s-t-ùm ist. *part.-st.* pu-s-(i)-to-. *aus* por-si-to = *lat.* po-si-to, *vgl.* perl.
pùst II. 45. post III. 8. 23. 29. *praep. c. abl.* = post. II. 45. pùnt fehùis *local:* hinter den bäumen, d. i. *innerhalb des von ihnen eingeschlossenen raumes.* III. 29. *temporal.* III. 8. 23: post exāc = posthāc, posteā *umbr.* pus, post, pos. *abgest. abl.-form für* postid (*in lat.* postidea).
pùntiu II. 34. *praep. c acc.* = post, *umbr.* pustin, posti, *loc.-form v. st.* -pos-to-.
pùstiris XXVIII. 7. *adv. compar.* = posterius, *umbr.* pus-tru, pos-tro, *v.* pust. *comp.-st.* pùs(t)-tir-is.
pùtere|pid I. a. 19, b. 21. *pron. ind. m. loc. s.* = (in) utroque *mit enklit.* -pid *wie die folg. vom pron.-st.* po-tero-.
pùturo[mpid] II. 22. *pr. ind. m. gen. pl.* = utrorumque.
pùtùrùspid II. 0. *pr. ind. m. nom. pl.* = utrique. *umbr.* podruh-pei, potres-pe (utriusque), *gr.* κό-τερο-ι, *ion.* κύ-τερο-ι, *lat. st.* cu-t(e)ro- *in altl.* ne-cu-tro. *v. pron.-st.* po-, ko-, *skr.*

ka- (katara), *grdf.* *kva- ; *rgl.* *got.* hva-tharn-, *ahd.* bwē-dar (weder).

putīād LI. 8. *praes. conj. s.* = possit. pu-t-ī-ā-d.

putlūns LI. 6. *praes. conj. pl.* possint. r. *denom.* *po-tī-um (t-conj.)* v. *nom.-st.* po-tī-(s), *gr.* πό-σι-(ς), *skr.* pa-ti- (herr, gebieter, gemahl) r. √pā (schützen). pu-t-l-5-ns

pous III. 9. *conjunct.* = ut, *umbr.* puze, r. *rcl. pron.-st.* po- (quo-).

puf II. 17. XXXVII. *relat. adv.* = ubi, *umbr.* pu-fe, *altl.* u-bei, ubi, ubī *für* *cu-bei (in ali-cubi', *locat.* r. *pron.-st.* po-, co-, *skr.* ka-, *uespr.* *kva-; *vgl. ahd.* wār, *mhd.* wā, wo, pu-f.

R.

Regatnrei I. a. 12, b. 15. *cogn. dei dat. s.* = Rectori, *formell* = *lat.* *rēg-ā-t-r-i* r. *denom.* *reg-ā-re r. *nom.-st.* rēg- *in lat.* rex, *sab.* rēg-ēna (rēgina), *gr.* 'Ρηγί-λαυ-ς 'volkskönig', *got.* reiks (herrscher), reiki, *ahd.* rīchi (das reich), *skr.* rāj-an (könig als richter, lenker) r. √reg, *rag *in lat.* rēg- ere. *nom.-st.* rēg-ā-tōr-.

S.

saahtūm I. a. 17, b. 20. *adj. n. nom. s.* = sanctum. *umbr.* sūh-ta (sancta), *partic. praed. v. verb.-st.* *sak- *in lat.* sa(n)c- l-ro. *s.* σάνοπο. *partic.-st.* sāh-to-.

Sabīnīs XXXIX. 6. *n. pr. nom. s.* = Sabinius, *vgl.* Safinim, Sabinianus. *nom.-st.* sab-īn-io-.

Sadiriis XIX. *gent. nom. s.* = Sadirius.

sakarātor I. a. 21. *praes. ind. pass. s.* = sacratur. sak-a-r-ā-to-r.

sakahiter I. a. 19. *praes. conj. pass. s.* = sanciatur. sak-ah- l-to-r.

sakarāklote II. 20. *st. n. gen. s.* = sacelli.

sakaraklūd II. 13. *st. n. abl. s.* = sacello.

sakarāklūm II. 11. sakarā[klūm] II. 17. *st. n. nom. s.* = sacellum.

sakaraklúm XXIV. *st. n. acc. s.* = sacellum. sak-a-r-a-klù-m *formell = lat.* *sac-r-ā-culu-m *v. denom.* sac-r-ā-re.

sakra IV. b. *adj. n. nom. pl.* = sacra. *nom.-st.* sak-ro-.

σακορο XXXVI. *adj. n. acc. pl.* = sacra *i. e.* sacellum. *nom.-st.* sac-ro- *v.* √sac-, *gr.* √ἅγ (in ἅγ-ιος), *skr.* sach (folgen, verehren). sak-o-ro-.

sakupam XXVIII. 2. *adj. f. acc. s.* = conceptam. *verbalst.* cap- *in lat.* cap-ere, au-cup-i-um *u. pron.-st.* su- (*dient im skr. als vorderes compositionsglied*). *s.* sam).

Salavs VIII. 2. *cogn. nom. s.* = Salvius. *vgl. gentil. ital.* Salavius, Salevius, *zu lat.* sal-vu-s, *gr.* ὅλ-Fo-ς, *umbr.* sevo, sevum (omnis), *got.* sël-s (χρηστός), *ahd.* säl-ig (glücklich), *skr.* sar-va (adj. all, ganz, vollständig), *osk.* sollus (*bei Festus*, *lat.* sollers. *nom.-st.* sal-a-v-io-.

sam) XXVIII. 9. *adv.* = una, zusammen. *loc.-form v. st.* sa-mo-, *vgl. lat.* simI-tu, *altl.* se-mo-l, *gr.* ὁ-μό-ς, *got.* samu (derselbe), *ahd.* sama (*pron. dem.* so), sum-sum (d. eine — d. andere), *skr.* sa-ma (all, ganz), sa-m- (in eins, zusammen) *v. dem. pron.-st.* sa-. sa-ml.

Santia XL. 2. *n. pr. m. nom. s.* = Ξανθίας.

Sarinu XXXVIII. 1. *adj. n. acc. s.* = SarInum. *zu* Sarnus, *heute* Sarno 'Strom' *v. skr.* √sar (gehen, zuströmen). *nom.-st.* sar-Ino-.

Safinim XXVIII. LVI. 28. *n. pr. m. gen. pl.* = Safiniorum *i. e.* Samnitium. *nom.-st.* saf-In-io-.

senāteis II. 35. **senateis** III. 3. **senate[i]s** II. 6. **senate[is]** III. 6. *st. m. gen. s.* = senatus. *nom.-st.* sen-a-to-.

serevkid X. 10. *st. f. abl. s.* = iussu ?

Σεστεις LIV. *cogn. m. nom. s.* = Sestius. *vgl. lat.* Sextius, *zu* sex, *gr.* ἕξ, *skr.* shash. *nom.-st.* ses-t-io-.

set I. a. 1. II. 16. III. 25. *praes. ind. pl.* = sunt. *enklit. in* prüftuset. *zu infin.* ezum. s-et.

sval II. 41. suae III. 16mal = si. **suaepis** III. 11. 12. 17. 20. 26. 28. 29. **suae pis** 4. 13. 17. 23. 25. = siquis, *umbr.* suepis, *volsk.* sepis; *umbr.* sve̊, *volsk.* sē, *altl.* sei, sī, sē (in ni-se), *locat. v. reflex. pron.-st.* sva (sich selbst, eigen), *wovon altl.* svad (so), *got.* sva (so), svē (wie).

σFαμ (?) XXXV. *adv.* = sic. *fem. acc.-form v. pron.-st.* sva.

4

— 50 —

sverrunei II. 2. st. m. dat. s. = ? ein amtstitel. nom.-st. sverr-un-.
Sidikinad LVI. 1. adj. abl. s. = Sidicino. die Sidicini, Σιδι-
κηνοί waren eine völkerschaft Campaniens. s. Tianud. zu sedere,
skr. sad-as (wohnung). nom.-st. sid-i-k-ino-.
Silie VIII. 2. Silli VIII. 1. gent. nom. s. = Silius.
sipus III. 5. 14. adj. m. nom. s. = altl. sibus (bei Festus =
callidus, acutus), rotsk. sepu. hier im sinn von σαφής aufrich-
tig, wahrhaft, ex animi sententia (vgl. μάντις, φίλος σαφής),
zu sapere, in-sip-i-dus, σοφ-ό-ς. nom.-st. sip-u-.
Sir II. 1. cogn. m. fragment.
siom III. 5. 6. 9. pron. refl. m. acc. s. = se. r. pron.-st. sva
Siuttiis X. 1. gent. nom. s. = Sittius, Σίττιος. nom.-st. siutt-io-.
sifei LI. 9 pron. refl. m. dat. s. = sibi, altl. sibei, sibé, r.
pron.-st. sva. si-foi.
scriftas III. 25. part. pass. f. nom. pl. scriptae. umbr.
screihtor (scripti), it. scritto, altit. serettu, altl. con-screip-tum
r. *scrif-um, γράφ-ειν (einkratzen, schreiben), got. ahd. grab-
an, angels. graf-an. r. √*scrabh. partic.-st. scrif-to-.
slaagid II. 12. st. f. abl. s. = loco, altl. stloco.
slagim II. 34. slagsim] II. 54. st. f. acc. s. = locum, stätte
(für ein sacellum), landstrich; vgl. altl. Stlaccus, got. strik-s,
ahd. stric, strih, engl. strok-e (strich, streich) r. √stla, stra
star in sternere, στόρευμι. nom.-st. släg-i-.
Slabiis IX. 2. gent. nom. s. = *Slabius. nom.-st. slab-io-.
S. T. XXIX note für senateis tanginud.
Staatiis XXV. gentil. Stätiis LI. 6. Statio VIII. 2. praen.
nom. s. Statius.
Στατττιης XXXVI. praen. gen. s. = Statī. r. gesteig. part.-st.
sta-to, s. statius. nom.-st. sta-ti-io-.
Staiis XXV. Staiis XXVI gent. nom. s. = Stajus. sta-li-s.
staiet II. 57. praes. conj. pl. = stent. sta-iē-t.
stait I. b. 23. praes. conj. s. = stet. sta-i-t.
stătif. 1. Bisnal adv. altl. statim, feststehend d. h. nach fest-
stehendem ritus und zu festen, bestimmten zeiten vgl. feriae
statae, statu sacrificia. locat.-form r. gesteig. partic.-st. sta-to-.
sta-ti-i.
statüs I. a. 1. part. praet. m. nom. pl. = stati, constituti. r.
*sta-uun stare) r. √stu, skr. sthä (stehen). vgl. i-στά-ναι, got.

alis. sta-n-d-an, *engl.* to stand, *ahd.* stantun, stân, *ttên. part.-st.* stâ-to-.

Staf[i]anam X. 3. *adj. f. acc. s.* = Stabianum *sc.* pomtira(m) (pontem) die Stañaner brücke, *d. h. die welche nach Stabiae führt. v.* √sta-bh (fest stellen). *nom.-st.* sta-f-i-âno-.

Stenis XL. 3. Στενις XXXVI. Ste[n] LI. 1. *praen. nom. s.* = Stenius. *nom.-st.* sten-io-.

Step XLII. 10. *n. pr. für* Stepronius?

suvàd XXI. *pron. poss. f. abl. s.* = sua, *altl.* suâd, sovâd. *pron.-st* suv-o- *v. pr.-st.* sva.

suveis II. 9. 35. *pr. poss. m. gen. s.* = sui, *altl.* sovi.

sum IX. *praes. ind. 1. pers. s.* = sum, *altl.* esum, *gr. εἰ-μί für* *ἐσ-μί, skr.* as-mi. *zu infin.* exum. s-u-m.

σοροΓορ XXXV. *st. n. acc. s.* = cinerarium, ossuarium. *zu gr.* ἡ σορός (todtenkiste). vorovom *sc.* memnim 'das grabmal als mit v. aschenkrug versehenes ding.' *v.*√sar (fest sein). sor-o-vô-m.

T.

T. XXIV. XXV. XXIX. *sigle für* threïks.

T. XXVI. *sigle für ein praen.* Titius?

tadait III. 10. *praes. conj. s.* = ? sinn = censeat. tad-â-ī-t.'

tacusiim III. 29. *st. n. loc. s.* = in ordine. *zu gr.* τάξις, *τασ-ός;* τάσσω.

Tanas XXX. *praen. m. nom. s.* = Tana.

tanginois III. 9. *st. f. gen. s.* = sententiae.

tanginud II. 8. 10. 35. ta[n]ginûd II. 50. tanginud III. 3. 7. XVI. G. |t|anginud XIV. tangi[nud] LII. [ta]ngin XVII. *st. f. abl. s.* = sententiû.

tanginom III. 9. *st. f. acc. s.* = sententiam, scitum, decretum. erkenntnis, beschluss. *zu altl.* toug-ère (nosse), *praenest.* tongitio (notio) *v.* √taug. *vgl. got.* thagk-j-an, *alts.* thenk-j-an, *engl.* to think, *ahd.* denk-an. *nom.-st.* tang-in-.

Tafidius XXII. *v. pr. nom. s.* = Tafidiuus. *nom.-st.* tafid-ino-.

taupop LIII. *s. m. der. s.* = taurus, ταύρος, *umbr.* turuf, toro (toúria); *vgl. got.* stiur, *red.* sthûrá-s (stier), *skr.* sthûrá-s (fest, stark).

tedur II. 60. *adv.* = istic, *zu skr.* ta-tra (dort).

Telis LVI. 3. *abgek. für* Telesia, Τελεσία, *heute* Casale di S. Salvadore di Telese *am Calore in Samnium*.
terel II. 19. 46. 49. *st. n. loc. s.* = in terri.
tereis II. 21. *st. n. gen. s.* = terrae.
terům II. 18. tear[ům] II. 12. *st. n. nom. s.* = terra, 'das trockene' land. *v.* √tars, *skr.* tarsh (dürsten), *vgl. lat.* torrere, *gr.* τέρσομαι, *got.* ga-thaúrs-nan, *ahd.* dorr-ên (verdorren). *nom.-st.* ter-o-.
teremnatteus X. 6. terem[nat]tens. X. 2. *perf. ind. pl.* = terminaverunt. ter-e-mn-ā-t-t-ē-ns.
teremnatust X. 4. *perf. ind. pass. s.* = terminatu est, *part. praet.* teremnatu *mit enklit.* ist *zu inf.* *ter-e-mn-ā-um = termin-ā-re.
teremniss II. 14. *adj. m. acc. pl.* = terminos. *umbr.* termnu (termnuo), *altl.* ter-men *u.* termo (termōnis) = termines, *gr.* τέρμον (τέρμων), *skr.* tar-man *v.* √tär (übersteigen, übersetzen, erreichen). *nom.-st.* ter-e-mje)n-.
teremenniú II. 15. tereme[nn]ių *st. n. nom. pl.* = terminalia, grenzzeichen, grenzsteine. *nom.-st.* ter-e-menn-io-.
[t|erm]ennium] II. 29. *adj. m. acc. s.* = terminale.
tefúrům I. a. 17, b. 20. *st. n. nom. s.* = sacrificium? *vielleicht zu skr.* √tap- (brennen), *gr.* ταφ- in ἐ-τάφ-ην *v.* θάπτω (begraben *i. e.* verbrennen), *umbr.* tefro (*nentr.*). *nom.-st.* tef-o-ro-.
thesavrei II. 52. *st. n. loc. s.* = in thesauro.
thesavrům II. 48. *st. n. acc. s.* = thesaurum. *griech. lehnwort*: ὁ θησαυρός.
Tiánud LVI. 1. *n. pr. n. abl. s.* = Teano. *gr.* Τίανον, Teanum Sidicinum, *heute* Tiano *in Campanien*, *vgl. altl.* Tiano (Teanorum), *s.* Sidikinud. *nom.-st.* ti-āno-.
Tiiatium, *abgek.* Tiati LVI. 17. *n. pr. m. gen. pl.* = Teatium, *einwohner v.* Teate (Teatum) Apuluм. *nom.-st.* ti-ati-.
Tintiriis L. *gent. nom. s.* = Tintirius.
Titti XLII. 8. *gent. nom. s.* = Titlius.
tiú XXXII. = ?
tiurri XXXVII. 1. *st. f. acc. s.* = turrim. *vgl. gr.* τύρρις, τύρσις *nom.-st.* tiurr-i-.
Tr. XIII. XXIV. LL 2. *sigle für praen*. Trebiis.
Trebiis XII. Τρηβς LIV. Tre XLII. 5. *gent. nom. s.* = Trebius. *nom.-st.* treb-io-.

tribarakávum II. 36. triibaraka'vnm] II. 28. *inf. praes.*
= aedificare. *zusammenges. aus nom.-st.* tribo- *und verbum*
arak-ä-v-nm = arcere, ein mauerwerk umfangen, — festigen.
d. i. einen bau errichten, bauen, *v. st.* aro- *in lat.* arca, arx,
gr. ἅρκυς.
tribarakattins II. 48. *perf. conj. pl.* = aedificaverint. trib-
arak-ä-t-t-i-ns.
tribarakattuset II. 39. 42. *fut. II. ind. pl.* = aedificaverint.
trïb-arak-ä-t-t-ü-sét.
tribarakkiuf II. 37. 42. *st. f. nom. s.* = aedificatio, bau,
bauwerk. *v. partic.-st.* tribarak-ä-to-. *nom.-st.* trïb-arak-k-iu-f.
tríibúm XVI. 5. *st. f. acc. s.* = aedificium. *nom.-st.* trïb-o- *zu*
lat. trab-es (balken, dach, haus), Tréb-ula, *gällisch* a-trab (woh-
nung), *kymrisch* treb (dorf), *got.* thaurp, *ahd.* dorof.
[tri]mparakineís XVII. *st. gen. s.* = ? *vieli. name e. tribus*
in Pompei.
tristaamentud XVI. 2. *abgek.* trista IV. b. *st. n. abl. s.* =
testamento. *v. denom.* *tristä-um (testari), *zu lat.* testis *v. skr.*
√tras (tenere, sustentare). *nom.-st.* tris-t-ä-men-to-.
tr. pl. III. 29. *nota für* tribunus plebis.
trutum III. 15. zicolom trutum = diem finitam *i. e.* dictam,
ein bestimmter termin *v.* *tru-um = pro termino ponere *v.*
skr. √tár (übersteigen).
toutád III. 14. 21. *st. f. abl. s.* = populo. op toutad = pro
contione.
toutam III. 19. *st. f. acc. s.* = populum.
touto III. 9. 15. τωFτο XXXVI. *st. f. nom. s.* = populus, civi-
tas, bürgerschaft, gemeinde, *mbell.* touta, tota, *umbr.* tuta, tota,
volsk. tota *zu lat.* tō-tu-s *v. skr.* √tu (geltung, macht haben,
stark sein) *nom.-st.* tŏv-tā, tou-tā.
toutico III. 23. *adj. f. nom. s.* = publica, *volsk.* toti-cu. *nom.-*
st. tou-ti-co-.
touticom III. 10. *adj. n. nom. s.* = publicam, *umbr.* touticom.
[touti]cās III. 5. *adj. f. gen. s.* = publicae.
tuvtiks IX. 2. túv[tik]s XXVI. 2. *abgek.* túv XI. XII. XIII.
tuv IV. *adj. nom. s.* = tuticus *i. e.* urbicus, publicus. *vgl.*
umbr. to-t-co-r (tutici). *v. nom.-st.* tov-tā. maddís távtiks *ist der*
amtstitel von städtischen beamten, deren gewöhnlich zwei an der
spitze der campanischen und samnitischen gemeindewesen standen.

U. O.

Ohtávís XLVIII. Ll. ñ. 7. *gent. nom. s.* = Octavius. v octavus, octo, *skr.* ashtau, *got.* ahtau. *nom.-st.* üht-āv-io-.

ùinìm XXVIII. 3. *adj. m. gen. pl.* = universorum. *c. pron.-d. ital.* oi-no-. *s.* Iniu. *nom.-st.* oi-n-io-.

[ù]ittiùm II. 53. *st. f. acc. s.* = usum. *nom.-st.* oit-t-io-.

ùittiuf II. 40. 43. *st. f. nom. s.* = usus, usus fructus, nutzniessung, *altl.* oisus, oesus *für* °ois-sus, °oit-tus *c. verb.-st.* oit- *in altl.* oet-ier, oet-i, *rgl.* oitile. *nom.-st.* oit-t-iu-l.

ùlam I.I. 9. *st. f. acc. s.* = ollam, *formell* ·· *altl.* aula (kochtopf) *für* °auc-au-la. *nom.-st.* ō-lā.

ùmbnet XXVIII. 6. *perf. ind. s.* ohvenit *für* °op-bnet *s.* cebnust. ùw-bn-ē-t.

ùp II. 13. op III. 14. 23. *praep. c. abl.* = ob, apud, an, vor, bei. *sab nmbr.* ap *zu gr. ἐπί. skr.* api.

Upile XL. 4. *praen. nom. s.* = Opilius. *zu lat.* o-pi-l-io, o-pilio, Pales, *skr.* pāla (schützer) *v.* √pā (schützen). *nom.-st.* o-pil-io-.

Oppiis Ll. 4. *n. pr. nom. s.* = Oppius. ùpp-ii-s.

ùpsànnam XVI. XXVI. 2. *abgek.* ùpsanu XI. ùps XXV. *verb.- adj. f. acc. s.* - operandam. ùp-s-a-n-na-m.

ùpsànn,àm| XXV. *verb.-adj. n. acc. s.* = operandum.

apsèd XXI. *abgek.* ups XXXIV. *perf. ind. s.* = operavit. up-s-è-d

uupsēns X. 10. ουχσευν XXXVI. *perf. ind. pl.* = operaverunt, fecerunt. *c. infin.* °op-s-á-um = op-er-ā-re *c.* op-us, *skr.* áp-as (work) *c.* √ōp (erlangen), *roxa* apisci, adipisci, aptus *u. a.* up-s-ē-ns.

Orìna, Urina, Urinai LVI. 13. *abgek. ethnikon v.* Uria *oder* Oria, *c. campan. stadt, viell. altstadt von* Nola.

uravù II. 56. *adj. f. nom. s.* = curva. *vgl. altl. bei* Varro urvom (curvom) *und bei* Festus urvo (circumdo). *nom.-st.* ur-v-vo-.

uruet III. 11. 16. *fut. II. ind. s.* = exposulaverit (con praivatud, cum reo) *im sinn von* interrogare, anquirere *oder allgemeiner* accusare. *c. infin.* °ur-um *zu gr.* ἔρομαι, εἴρομαι *c. skr.* √var (wāhen). ur-u-d.

Ϝοουτιον XLIV. = ?

uonātřd XXVIII. 8. *perf. ind. s.* = unavit. *v. inf.* ᵛan-ā-um, *v. nom.-st.* oi-no-. *s.* inim. a-n-ā-t-ē-d.
Ufiis XL. 4. *abg.* Of XLVIII. *gent. n. praen. nom. s.* = Ofius. *nom.-st.* uf-io-.

F.

Φ. III. 26. ΦΦ. III. 12. *zalzeichen, roem.* Φ, ΦΦ = mille, duo milia.
faamat XXXVII. 1. *praes. ind s.* = habitat. *s.* famelo. *v. nom.-st.* *fa(g)-mu (eigentum, besitz) *v. skr.* √bhaj (zuteilen, in besitz nehmen). fā-m-ā-t.
factud III. 9. *impt s.* = facito. fac-tud
facus III. 30. *part. p. p. m nom s.* = factus. *rgl.* praefucus. fac-u-s *für* *fac-cus, fac-tus.
famelo III. 22. *st. f. nom s.* = familia, vermögen, *synonym mit* osk. eituam (pecunia). *aus* *fa-m-el-ia, *famelja, *umbr.* famerias (familiae, *nom. pl.*), *rgl. osk.* famel (*bei Festus*) = *altl.* famul (famulus, servus).
fatium II. 6. 8. *inf.* = fari, farmell = fa-t-ē-(ri) *r. nom.-st.* fa-t- *in gr* φά-τ-ι-ς *v. skr.* √bhā (glänzen, scheinen, offenbaren). fā-t-i-um.
feihūís II. 45. *st. m. abl. pl.* = ficia.
feihūss II. 31. *st. m. acc. pl.* = ficos. *nom.-st.* feih-o-.
fefūcīd III. 16. *perf. conj. s.* = fecerit. fe-fūc-ī-d.
fefacunt III. 11. 17. *fut. II. ind. s.* = fecerit. fe-fāc-u-nt *umbr.* fāk-ust, fāk-urent (fecerint).
fīsnam II. 32. *st. f. acc. s.* = fanum.
fīsnīm XXVIII. 8. *st. f. loc. s.* = in fano.
fīsnu II. 30. *st. f. nom. s.* = fanum, templum, τὸ τέμενος, heiliger, geweihter bezirk, *v. osk. umbr. nom.-st.* fēs-na- *zu lat.* fēriae, *altl.* fēs-iae feiertage, festtage *als glänzende*, fēs-tu-s, *v. skr.* √bhā-s (leuchten, glänzen).
Fīml XXXIV. *n. pr. nom. s.* = *Fimulus.
Fistluís, Fistluís, *abgek.* Fistel LVI. 12. *m. abl. pl.* = Puteolis.
Fistlus LVI. 12. *m. nom. pl.* = Puteoli, *gr.* ΦΙΣΤΕΔΙΑ, *ebenfalls auf münzen, heute* Pozzuoli *in Campanien. nom.-st.* fis-t(e)lo-.

Fiunssaiate I. a. 20. *adj. cogn. dearum. dat. pl.* = Floralibus, *formell* = *flor-âr-ii-a. vgl. sab.* flusare (florali), *italien.* fiore *für* flore(m). *s.* fiunsai. *nom.-st.* fiu-o-fs-io-.
fif XXVIII. 10. *fragment* = ?
Flaplu (?) LI. 2. = Flapius?
Fluusai I. a. 24. *n. deae. dat. s.* = Florae. *v. nom.-st.* flo-a, *got.* blô-ma. *nom.-st.* flu-s-i.
Frentrei LVI. 15. *n. pr. n. loc. s.* = Frentri, *eine sonst nicht genannte stadt der Frentaner.*
fruktâtiuf II. 21. *st. f. nom. s.* = fructus, *usus. von denom.* *fruktâium zu lat.* fruc-tus, frug-es *v.* √frug. *vgl.* homo frugi, *got.* brak-s (brauchbar). *nom.-st.* fruk-t-ât-iu-f.
Frunter XXX. *cogn. nom. s.* = *Frunter.
Frus XLII. 7. *abgek. cogn. vielleicht für* *Frant-s *v. st.* frun-to-. *vgl.* Frunter.
fuid III. 29. [fu]id III. 28. *praes. conj. s.* = sit, *umbr.* fu-ia, *ahd.* fu-at *s.* fufans. fu-ï-d.
fortis III. 12. *adv.* = forte. *v. lat. gr.* √fer *in* torre, φέρω, *got.* bair-an *v. skr.* √bhar (tragen, bringen).
fusid II. 19. [fus]id II. 23. *perf. conj. s.* = fuerit.
fust III. 10. 22. 23. 28. 29. [f]ust III. 30. *fut. II. s.* = fuerit.
Futrei I. a. 4. Fuutrei I. b. 5. *n. deae. dat. s.* = Genetrici. *nom.-st.* fu-tr-ï-.
Futre[is] (?) XXXI. *gen. s.* = Genetricis *r.* √fu. *s. folg.*
fufans II. 10. *imperf. ind. pl.* = erant. *v. ital.* √fu, *gr.* φυ- (φύ-ω *u. a.*), *skr.* bhu (werden, sein), *ahd.* √*pu, piu *in* pi-m, pi-st (bin, bist) *u. a.* fu-f-â-ns.

www.ingramcontent.com/pod-product-compliance
Lightning Source LLC
Chambersburg PA
CBHW031333160426
43196CB00007B/678